新汉语水平考试真题集
HSK 六级

国家汉办/孔子学院总部　编制

First Edition   2010
Third Printing   2011

ISBN 978-7-5138-0009-9
Copyright 2010 by Sinolingua
Published by Sinolingua
24 Baiwanzhuang Road, Beijing 100037, China
Tel: (86) 10-68320585   68997826
Fax: (86) 10-68997826   68326333
http://www.sinolingua.com.cn
E-mail: hyjx@sinolingua.com.cn
Printed by Sanhe Jinyuan Printing and Binding Co. Ltd.

Printed in the People's Republic of China

《新汉语水平考试（HSK）真题集》编委会

主　任：许　琳

副主任：胡志平　马箭飞

编　委：（按姓氏笔画顺序排列）

于　潇	王　蕊	王文静	王世华	王保保	过晔青
曲玉彬	朱　攀	刘　利	刘　莉	刘子君	衣　然
闫佳佳	杨　迪	杨　桦	杨书俊	杨秀梅	李　铁
李亚男	李佩泽	肖　敏	肖佳佳	何卫苹	张　茹
张　晨	张泉慧	张晋军	张铁英	张慧君	陈　珵
陈中源	陈永秀	陈宝会	陈真华	罗　民	周高宇
胡　逸	胡春玲	徐　嘉	唐　煜	程　缅	谢欧航
解妮妮	慕亚东	蔡　玉	戴　全		

目 录

H61001 卷试题 ··· 1

H61001 卷听力材料 ··· 22

H61001 卷答案 ··· 30

H61002 卷试题 ··· 33

H61002 卷听力材料 ··· 54

H61002 卷答案 ··· 62

H61003 卷试题 ··· 65

H61003 卷听力材料 ··· 86

H61003 卷答案 ··· 94

H61004 卷试题 ··· 97

H61004 卷听力材料 ··· 118

H61004 卷答案 ··· 126

H61005 卷试题 ··· 129

H61005 卷听力材料 ··· 150

H61005 卷答案 ··· 158

前 言

1989年，汉语水平考试（HSK）在国内正式组织实施。1991年，HSK推向海外。2007年底，真正意义上的第一套HSK真题集《汉语水平考试（HSK）真题集》出版发行，这中间经历了漫长的19年。2009年11月，新汉语水平考试在海内外正式推出，2010年下半年，《新汉语水平考试（HSK）真题集》将相继面市，这从一个侧面反映了新HSK与旧HSK的不同，它不仅体现在考试内容、考试形式上，也体现在考试推广理念及工作效率上。

1964年，"托福"正式开考；1989年"雅思"投入运作。2004年，"雅思"开始尝试使用"一次性试题"，所有的试题只会被使用一次；2005年，"新托福"正式开考，同样决定考过的试题不再使用。从1996年开始，《剑桥雅思全真试题》开始出版，目前已出版7本；"新托福"自开考以来，就在官网上公示了两套真题。这是以前所不曾有过的，经过十数乃至数十年的发展，两大英语考试之所以改弦更张，一方面是应对"应试培训"的冲击，维护考试的科学性、权威性，是与时俱进，是从善之举；另一方面，也与其对考试本质认识的改变有关：考试不应该仅仅是一把冰冷的"尺子"，还应该是一把温润的"拐杖"；考试不是最终目的，帮助考生掌握、提高语言交际能力才是真正目的；考试与考生的关系，不能再狭隘地仅仅理解为裁判员和运动员的关系，还应是教练员与运动员的关系，考试不能再一味地"避嫌"，而要主动地去指导考生。

新HSK对此有相同的认识，用同样的思维方式来看待和处理相关问题。考生有权接触大量的、质量较高的试题，而不是只能去选择"坊间"粗制滥造的仿真试卷、模拟题集。新HSK试题也是一次性的，今后，我们会继续定期或不定期地将使用过的真题集结成册，出版发行。

新HSK遵循"考教结合""考试为学习服务"的原则，一定程度上，考试要兼具教学、培训的功效，真题集只是践行这一原则的第一步。稍后，《新HSK词汇手册》《新HSK学用读本》甚至新HSK教材都将次第绽放，从而推动新HSK成为源自考试系统但又高于考试系统的一个学习系统大品牌。

《新汉语水平考试（HSK）真题集》共7册（含口试），每册包含相应等级的5套真题。真题集首先可以为汉语作为第二语言教学及培训领域相关人员提供参考；其次，可以为新HSK命题员提供参考；第三，也是最重要的一点，可以帮助考生熟悉考试题型、考试流程，以保证他们能在考场上将自己的真实水平顺利地予以展现。

新HSK是新生事物，还有待时间的检验，需要进一步完善。我们衷心地欢迎考生及各界人士能将您的意见和建议反馈我们，以使新HSK日臻完善，精益求精。

编 者

2010年6月24日

新汉语水平考试
HSK（六级）

H61001

注　　意

一、HSK（六级）分三部分：

　　1. 听力（50题，约35分钟）

　　2. 阅读（50题，50分钟）

　　3. 书写（1题，45分钟）

二、听力结束后，有**5分钟**填写答题卡。

三、全部考试约140分钟（含考生填写个人信息时间5分钟）。

中国　北京　　　　　　　　　国家汉办/孔子学院总部　编制

一、听 力

第一部分

第1-15题：请选出与所听内容一致的一项。

1. A 他们去动物园了
   B 他们遇到了老虎
   C 生物学家吓晕了
   D 经济学家一直在跑

2. A 不渴时不要喝水
   B 运动前不要多喝水
   C 平时多喝水很重要
   D 每天应该喝8杯水

3. A 大雾影响了交通
   B 大雾有利于农业
   C 大雾使温度降低
   D 所有航班都停飞了

4. A 校长声音太小
   B 那个同学生病了
   C 那个同学是第一名
   D 老师当时非常生气

5. A 成功和漂亮没关系
   B 我不会买很贵的衣服
   C 穿漂亮衣服会让我自信
   D 好身材会让人变得自信

6. A 面试时穿着最重要
   B 面试一般只要3分钟
   C 找工作的关键是谦虚
   D 面试时第一印象很重要

7. A 春天播种很艰辛
   B 二十几岁是人生的春天
   C 聪明的农夫会选择夏季
   D 有些种子适合夏季播种

8. A 孩子想要两块钱
   B 妈妈批评了孩子
   C 孩子骗老奶奶了
   D 老奶奶是卖玩具的

9. A 碰杯是为了照顾耳朵
   B 饮酒讲究合适的时间
   C 适量饮酒对身体有好处
   D 碰杯可以增进人们的感情

10. A 桂林的历史不长
    B 桂林在广西南部
    C 桂林经济比较落后
    D 桂林是一个旅游城市

11. A 很多人反对"晒工资"
    B 女人的年龄不再是秘密
    C 越来越多的人在网上购物
    D 有人在网上公布自己的收入

12. A 音乐可以丰富电影情节
    B 电影院的吸引力变小了
    C 电影比音乐更有吸引力
    D 音乐对绘画有很大影响

13. A 航天科技活动发展速度放缓
    B 航天科技与日常生活关系密切
    C 航天科技给人们生活带来不便
    D 航天科技活动干扰了手机信号

14. A 《西游记》想象力丰富
    B 《西游记》是短篇小说
    C 《西游记》是一部历史小说
    D 《西游记》不受老年人的欢迎

15. A 哭泣有利于健康
    B 脾气好才能身体好
    C 及时发脾气有利于长寿
    D 这项研究主要针对孩子

第二部分

第16-30题：请选出正确答案。

16. A 娱乐休闲
    B 参与体验
    C 观赏享受
    D 资源整合

17. A 北京游客众多
    B 北京是中国的首都
    C 北京缺少时尚主题公园
    D 北京有很多文化旅游景点

18. A 景观
    B 表演
    C 主题活动
    D 娱乐设备

19. A 20多
    B 100多
    C 200多
    D 300多

20. A 宣传大型活动
    B 游客能自由规划游玩路线
    C 提醒游客地形和营业时间
    D 游客能玩遍欢乐谷所有项目

21. A 写作
    B 绘画
    C 图片摄影
    D 电影和电视广告

22. A 介绍平遥文化
    B 交流摄影经验
    C 发展地方旅游经济
    D 向国外介绍中国摄影师

23. A 与专家讨论
    B 举办摄影展览
    C 组织摄影比赛
    D 白天拍摄，晚上上课

24. A 非常好
    B 还可以
    C 缺少经验
    D 距离生活较远

25. A 没去过山西
    B 刚开始从事教学工作
    C 以前参加过平遥摄影节
    D 觉得自己有一些艺术天分

26. A 独立自主
    B 自由自在
    C 争强好胜
    D 踏实肯干

27. A 上高中时
    B 初中毕业前
    C 初中毕业后
    D 考上大学后

28. A 宽容
    B 关心
    C 指导
    D 鼓励

29. A 表达方式
    B 重要工作
    C 谋生手段
    D 业余爱好

30. A 自学成才
    B 出版了15本书
    C 工作时间不固定
    D 从开始画画就很认真

第三部分

第31-50题：请选出正确答案。

31. A 丈夫
    B 妻子
    C 母亲
    D 女儿

32. A 睡不着
    B 她很调皮
    C 起得太早了
    D 想为爸爸做点事

33. A 太长
    B 太短
    C 太旧
    D 太脏

34. A 要经常交流
    B 要关心家人
    C 有事情要早准备
    D 不要做和别人一样的事

35. A 油价太高
    B 油被订完了
    C 带的钱不够
    D 油还没榨出来

36. A 别的油商
    B 当地农民
    C 买油的顾客
    D 卖油桶的小贩

37. A 货源很重要
    B 做事情要果断
    C 商人的聪明才智
    D 过去四川的油贸易

38. A 崇拜
    B 羡慕
    C 同情
    D 好奇

39. A 受到尊敬的人
    B 意志坚定的人
    C 头脑聪明的人
    D 好奇心强的人

40. A 被人们忽视的
    B 不能被重复的
    C 从没有人做过的
    D 不被人们认可的

41. A 不急着回家
    B 要去别的村子
    C 他的船被撞翻了
    D 天黑以后才出发

42. A 喊救命
    B 跳进水里
    C 叫对方让开
    D 躲开了那只船

43. A 非常大
    B 速度很快
    C 船上有很多人
    D 船上有很多货物

44. A 河面很窄
    B 当时是早上
    C 农夫年纪大了
    D 两只船相撞了

45. A 超过1岁
    B 眼睛很大
    C 还不会说话
    D 不喜欢做游戏

46. A 3
    B 5
    C 7
    D 8

47. A 语言表达
    B 社交判断
    C 帮助他人
    D 团队合作

48. A 天生
    B 学习
    C 实验
    D 实践

49. A 民族音乐
    B 流行音乐
    C 古典音乐
    D 高雅音乐

50. A 快餐文化不值得关注
    B 要重视高雅音乐的作用
    C 不能否认流行音乐的作用
    D 流行音乐的价值超过了高雅音乐

二、阅 读

第一部分

第51-60题：请选出有语病的一项。

51. A 秋天是北京一年中最美好的季节。
    B 他是一位有着30多年教龄的老教师。
    C 做一件事情，只要开始行动，就算获得了一半的成功。
    D 婺源是属于南宋著名学者朱熹的故里和中国铁路之父詹天佑的家乡。

52. A 天凉了，你要穿多点儿衣服。
    B 老师的鼓励，使他信心大增。
    C 昨天睡得很晚，所以第二天9点多我才醒来。
    D 为防止在野外活动中迷路，你必须掌握定位和测向方法。

53. A 在家人的照顾下，他很快恢复了健康。
    B 保持好的心情，关键是要有一个好的心态。
    C 商业广告显然不同于公益广告，因为它带有明显的功利色彩。
    D 为了防止今后不再发生类似的事件，有关部门及时完善了管理措施。

54. A 权力没有制约，必然会产生腐败。
    B 不是每一次努力都会有收获，但是每一次收获都需要努力。
    C 两个人在一起，遇到事至少可以商量商量一下，总比一个人好。
    D 我是电影评论专业的一名研究生，去年一年我一共看了206部电影。

55. A 东西方在饮食习惯上存在着较大的差异。
    B 18世纪以后，世界人口的增长速度才加快明显起来。
    C 经过几次搬迁之后，我们一家人终于在南京定居下来了。
    D 一个十几岁的孩子能写出这样的文章来，简直令人难以相信。

56. A 有些电脑设计得很小巧，甚至可以放一个很薄的文件袋里。
    B 快乐有助于长寿，有助于增加食欲，有助于提高工作效率。
    C 草原上的天气变幻莫测，刚刚还是晴空万里，转眼间便乌云密布了。
    D 重新认识农业，开拓农业新的领域，已成为当今世界农业发展的新趋势。

57. A 时间能抚平心灵的伤痛，因此人们常说时间是最好的医生。
    B 能够了解社会各阶层的人物，对一个作家来说是极好的机会。
    C 人们居住在地球上，是一块天然的大磁体，在南北两极有两个磁极。
    D 生活就像一场旅行，不在乎目的地，而在乎沿途的风景和看风景的心情。

58. A 大约在公元11世纪宋朝的时候，人们开始玩一种叫做"蹴鞠"的游戏，它很像现代的足球。

    B 骆驼最耐旱，它喝一次水后，可以几天几夜不喝水，行走如常，人们称之为"沙漠之舟"。

    C 父亲经常说，美术教育的目的，是学生对每一种平凡的事物，都能有美的感触，都能欣赏到美。

    D 金子可能就埋在你的脚下，就在离你不远处闪烁着诱人的光芒，关键在于，你有没有善于发现金子的眼光。

59. A 人人都需要关爱，关爱能增进两个人的感情，拉近两个人的距离。但是，这种关爱的前提是适度。

    B 人们在财务困境中挣扎的一个原因是：他们在学校里学习多年，却没有学到任何关于金钱方面的知识。

    C 1940年11月27日出生的李小龙，虽然不是最早进入好莱坞的华人，却是最早成为国际巨星的功夫演员。

    D 作为一名翻译工作者，一方面要努力学好外语，一方面要学好本民族语言也是非常重要的，两者缺一不可。

60. A 人应该善待自己，善待自己的最好方法是善待别人，善待别人的最好方法是宽容别人。

    B 读了大半辈子书，倘若有人问我怎么选择一本书，我一定会毫不犹豫地回答：快乐是基本标准。

    C 即将建成的水库，不仅能促进本地区工农业的发展，改善航运条件，而且还能起到防洪供水、调节气候的作用。

    D 大禹治水的故事家喻户晓，但人们多是把大禹看做一个治水的英雄，实际上大禹最大的功能是，他是中国第一个民族国家——夏王朝的奠基人。

第二部分

第61-70题：选词填空。

61. 高中生与初中生相比，在做出判断和决定前能更多地_____各种事实和可能性，_____行动的各种可能后果，决定一旦做出也能更_____地见诸行动。

    A 考察　　预料　　明显　　　B 考虑　　预计　　迅速
    C 考验　　预见　　充分　　　D 思考　　预测　　显著

62. 电影最大的乐趣，在于营造出一个独具_____的光影世界，在这个世界里，不仅可以使人得到_____和娱乐，更可以有所感悟和回味，充分_____到"电影是浓缩的人生"这一特点。

    A 魅力　　放松　　体会　　　B 力量　　轻松　　理解
    C 特色　　趣味　　意识　　　D 见解　　休息　　反应

63. 我们要学会_____自己的心情，而不是让别人决定你的心情，要_____自己对别人坏情绪的"免疫力"，只有这样才能每天_____一份好心情。

    A 支配　　减少　　得到　　　B 控制　　加强　　拥有
    C 限制　　增强　　享受　　　D 掌握　　减弱　　充满

64. 川菜品种_____、味道多变，_____"一菜一格，百菜百味"的美誉。川菜的这种独特的风格也_____国内外人们的青睐，许多人发出"食在中国，味在四川"的_____。

    A 丰富　　享有　　赢得　　赞叹
    B 多样　　具有　　招收　　赞赏
    C 繁多　　形成　　吸引　　赞扬
    D 丰满　　达到　　造成　　赞美

65. 喜鹊是自古以来深受人们喜爱的鸟类，是好运与福气的象征。喜鹊登梅是中国画中非常常见的_____，它还经常出现在中国传统诗歌、对联中。此外，在中国的民间_____中，每年的七夕，人间所有的喜鹊会飞上天河，_____起一座鹊桥，让分离的牛郎和织女相会，_____在中华文化中鹊桥常常成为男女情缘的象征。

    A 作品　　节目　　架　　因此
    B 主题　　故事　　连　　总之
    C 题材　　传说　　搭　　因而
    D 材料　　风俗　　组　　于是

66. 有这样一群人，他们_____工作，只要工作_____，他们就会变换住处，_____变换生活的城市，所以他们_____搬家。

    A 愿意　　希望　　而且　　等待
    B 喜欢　　要求　　宁可　　往往
    C 热爱　　需要　　甚至　　习惯
    D 追求　　需求　　并且　　频繁

67. 大多数人失败并非由于他们才智平庸，也不是因为_____不好，而是由于没有保持一种_____的心态，才使得自己最终无法触摸到_____的终点线。与其说他们是在与别人的竞争中失利，_____说他们败给自己不成熟的心态。

    A 能力　　良好　　权力　　那么
    B 运气　　健康　　成功　　不如
    C 感情　　愉快　　胜利　　但是
    D 背景　　自然　　命运　　或者

68. 天津剪纸可谓历史悠久，_____于清朝光绪末年，后在不断汲取和_____中国传统剪纸工艺的基础上发展到今天。天津剪纸的艺术风格、制作方法_____有独到之处。它_____了年画、瓷器、木雕等图案的设计，注意外形刻画，具有很高的艺术价值。

    A 兴建　　发挥　　都　　借助
    B 成立　　发掘　　就　　反映
    C 起源　　发行　　还　　吸收
    D 兴起　　发扬　　均　　借鉴

69. 打哈欠是人类的一种本能行为，非_____意志所能控制。当一个人受到劳累、睡意等因素的_____时，会引起相关分子大量分泌，进而引起"哈欠中枢"_____，随即向人体肌肉发出"指令"，有关的肌肉严格_____"指令"运动，于是，一个哈欠_____了。

    A 主观　　刺激　　兴奋　　遵照　　诞生
    B 客观　　袭击　　异常　　采取　　产生
    C 自身　　打扰　　快乐　　贯彻　　发生
    D 自我　　麻烦　　激动　　服从　　出生

70. 孩子一旦做错了事，总是会_____父母责备他，如果正如他所想的那样，父母责备了他，孩子反而会有一种"如释重负"的感觉，对批评和自己所犯的过错也就_____了。相反，如果父母_____沉默，孩子的心里反而会_____，会感到"不自在"，进而反思自己的错误。

    A 担忧　　漠不关心　　维持　　平静
    B 忧虑　　无所作为　　坚持　　慌张
    C 害怕　　不言而喻　　支持　　谨慎
    D 担心　　不以为然　　保持　　紧张

第三部分

第71-80题：选句填空。

71-75.

1911年4月，利比里亚商人哈桑在挪威买了12000吨鲜鱼，运回利比里亚首府后，一过秤，鱼竟一下子少了47吨。哈桑回想购鱼时他是亲眼看着过秤的，一点儿也没少啊，(71)_____，无人动过鱼。那么这47吨鱼上哪儿去了呢？哈桑百思不得其解。

后来，这桩奇案终于大白于天下，(72)_____。地球重力是指地球引力与地球离心力的合力。地球的重力值会随地球纬度的增加而增加，赤道处最小，两极最大。同一个物体若在两极重190公斤，拿到赤道，就会减少1公斤。挪威所处纬度高，靠近北极；利比里亚的纬度低，靠近赤道，(73)_____。哈桑的鱼丢失了分量，就是因为不同地区的重力差异造成的。

(74)_____，也为1980年墨西哥奥运会连破多项世界纪录这一奇迹找到了答案。墨西哥城在北纬不到20度、海拔2240米处，(75)_____，正因为地心引力相对较小，运动健儿们奇迹般地一举打破了男子100米、200米、400米、4×400接力赛、男子跳远和三级跳远等多项世界纪录，1980年也因此成为奥运会历史上最辉煌的年代之一。

A 地球重力的地区差异

B 比一般城市远离地心1500米

C 原来是地球的重力"偷"走了鱼

D 归途中平平安安

E 地球的重力值也随之减少

76-80.

　　（76）_____。造纸术，为文明传承带来了新的载体；印刷术，造就了文明传播的新媒介。它们对人类政治、经济、文化等诸多方面产生了重要影响，为世界文明的传播与发展做出了巨大贡献。

　　中国发明印刷术有着得天独厚的物质基础与技术条件。纸和墨的应用是印刷术发明的基本前提。（77）_____。秦晚期已有调制成型的墨丸；汉代已使用松烟中的炭黑制墨；南北朝时期，中国已掌握了成熟的制墨技术。作为纸的发明国，早在印刷术发明以前，中国的造纸术就经历了辉煌的发展历程。西汉时期，中国已发明了纸。公元105年，东汉蔡伦总结前人经验，（78）_____，使用废旧麻料、树皮等作为造纸原料，开辟了后代皮纸制造技术的先河，实现了造纸技术史上的重要突破。随着造纸技术的发展，纸逐渐普及到人类生活中。魏晋南北朝时期，中国纸张的使用进入转折时期。公元404年，东晋豪族桓玄颁布"以纸代简"令，终止了简牍书写的历史，（79）_____。人们选用麻、藤、树皮、竹等作为造纸原料，并运用施胶、涂布、染色等造纸加工技术，使纸张变得物美价廉。造纸术的发明，（80）_____，更为印刷术的发明提供了重要的承印材料。

A 造纸术和印刷术是中国古代的两项重要发明

B 改进造纸工艺

C 纸终于成为主要的书写材料

D 中国很早就已发现并使用墨

E 带来了书写材料的根本性变革

第四部分

第 81-100 题：请选出正确答案。

81-84.

每次坐长途汽车，我总是希望和美女同座，但是，每次都会失望，这次也一样，一个提着大包小包的老太太坐在了我的旁边。

她要去上海，儿子请她过去帮忙做饭。她不会讲普通话，可十分<u>健谈</u>，不断地问我"十万个为什么"，我也尽可能陪她聊天。

快到上海了，老太太不安地问我："我在北站下车，你到哪个站？"我安慰她，我跟她在同一站下车，我会带她下车的。我突然想，下车后，她怎么与她儿子联系？我再次关切地问她："您有您儿子的电话吗？"

她赶紧拿出她儿子的手机号码，我拨通了他儿子的电话。让我惊奇的是，我手机上马上显示出一个前几天刚加上的名字：某工程的项目经理。这真是太奇妙了，老太太的儿子居然就是我要找的人，而且是我需要他帮忙的人！下车的时候，老太太拖住我，一定要她儿子感谢我这个好心人。

几天后，我去找这个项目经理。在他办公室，他抬头一看是我，愣了一下，发现我就是一路照顾他妈妈的"好心人"。在感慨"世界真小"之后，他爽快地在工程合作单子上签了字。

原来，我的运气一点也不坏。这个老太太虽然不是美人，但却是我的"幸运女神"。

81. 根据第 1 段，我经常失望是因为：
 A 车里太挤   B 车上没有美女
 C 不想坐长途汽车   D 没有和美女坐一起

82. 第 2 段中，画线词语"健谈"的意思最可能是：
 A 有趣   B 礼貌   C 喜欢说话   D 喜欢帮助别人

83. 在车上，我对什么感到惊奇？
 A 老太太找到了她的儿子   B 老太太有我的手机号码
 C 我和老太太在同一个站下车 D 老太太的儿子是我要找的人

84. 我得到了那个工程，主要是因为：
 A 项目经理认识我   B 项目经理是个好心人
 C 我多次向项目经理咨询 D 我帮助了项目经理的妈妈

85-88.

一天,一只老狐狸无意间经过一个被围墙围住的葡萄园。凭着经验,它闻出了这个园子里的葡萄是自己从未吃过的极品。

这只老狐狸曾吃过无数种好葡萄,它曾向自己的同伴吹嘘过:"这世上还不曾有我没吃过的葡萄呢!"面对这一园自己没有品尝过的葡萄,它的食欲和好胜心都被挑逗起来了。它对自己说:"吃不到葡萄说葡萄酸的狐狸,就像不想当元帅的士兵,是最没出息的。"

于是,它发誓一定要吃到这里的葡萄。可当它在四周转了两圈之后才发现:围墙太高,它跳不上去。又经过一番搜寻,它终于找到了一个可以进入葡萄园的小洞。可是,这个洞口太小,它无法通过。思索片刻,它做出一个决定:绝食减肥。

经过三天绝食,这只老狐狸真的瘦了下来,它可以进入葡萄园了。如它所料,这里的葡萄是迄今为止它所吃过的最好的。于是,它放开肚子,整整吃了三天。

这时,问题出现了:由于吃了太多葡萄,它又胖了,无法再从那个小洞出去。无奈,它只好再次绝食,这次比上次花的时间还多了一天。等身体终于变得和刚进来时一样瘦小,它又从那个小洞钻了出去。

回来后,它把这次经历告诉了另外两只老狐狸,并问它们:"这事儿做得值不值?"其中一只说:"你胖了多少又瘦了多少,等于什么都没吃,还冒着性命之忧,当然不值。"另一只则说:"虽然你担了不少风险,但你吃到了从未吃过的葡萄,当然值。"

85. 根据前3段可以知道,老狐狸:
   A 觉得葡萄酸　　　　　　　B 以前没吃过葡萄
   C 吃过很多种葡萄　　　　　D 吃过这个园子里的葡萄

86. 那只老狐狸是怎么进入葡萄园的?
   A 找到一条小路　　　　　　B 从围墙上爬过去
   C 从小洞里钻进去　　　　　D 和另外两只狐狸一起进去

87. 那只老狐狸回来时:
   A 很胖　　　　　　　　　　B 很瘦
   C 不想吃东西　　　　　　　D 带了一些葡萄

88. 另外两只老狐狸:
   A 意见一致　　　　　　　　B 喜欢冒险
   C 有不同的看法　　　　　　D 赞同那只狐狸的做法

89-92.

悬空寺位于北岳恒山脚下的金龙峡，距大同市约80公里，据说是北魏时一位叫了然的和尚所建，距今已有1400多年的历史。

这里山势陡峻，两边是直立百米、如同斧劈刀削一般的悬崖，悬空寺就建在这悬崖上，或者说像是粘贴在悬崖上似的，给人一种可望而不可即的感觉。抬头望上去，但见层层叠叠的殿阁，只有十数根像筷子似的木柱子把它撑住。俗语说："平地起高楼。"可是，悬空寺却<u>反其道而行之</u>。虽然悬空寺给人的第一个印象是一栋危楼，但出于好奇和探险的冲动，谁都愿意鼓起勇气踏进寺门。

踏上那连接殿宇的走廊，人们会不约而同地提起脚跟，屏住呼吸，小心翼翼地踩在木板上，好像走在刚结了冰的河面上，生怕脚重，寺塌下来。

侧身探头向外仰望，但见凌空的走廊只有数条立木和横木支撑着。这些横木又叫做"铁扁担"，是用当地的特产铁杉木加工成为方形的木梁，深深插进岩石里去的。据说，木梁用桐油浸过，所以不怕被白蚁咬，还有防腐作用。

其实，悬空寺之所以能够悬空，除了借助"铁扁担"之力外，柱子也立下了汗马功劳。这些柱子，每个落点都经过精心计算，以保证能把整座悬空寺支撑起来。据说，有的木柱起承重作用；有的是用来平衡楼阁的高低；有的要有一定重量加在上面，才能够发挥它的支撑作用，如果空无一物，它就无所借力而身不由己了。

悬空寺在建寺时因地制宜，充分利用峭壁的自然状态来布置和建造寺庙的各部分建筑，设计非常精巧。比如，寺中两座最大的建筑物之一的三官殿，就应用了向岩壁要空间的道理，殿前面是木制的房子，后面则在岩壁上挖了很多石窟，使殿堂变得非常开阔。悬空寺的其它殿堂大都小巧玲珑，进深都较小，殿内的塑像形体也相对缩小。

89. 第2段中的"反其道而行之"是指悬空寺：
   A 支撑物较少　　　　　　B 建在悬崖上
   C 殿阁层层叠叠　　　　　D 给人感觉很危险

90. 根据上文，"铁扁担"：
   A 怕被白蚁咬　　　　　　B 独立支撑起悬空寺
   C 指支撑走廊的立木　　　D 是用铁杉木加工而成

91. 关于悬空寺，下列哪项正确？
   A 部分建于岩壁内　　　　B 建于北岳恒山山腰
   C 木柱起的是承重作用　　D 大部分殿堂都很开阔

92. 上文主要讲了悬空寺的：
   A 建筑特点　　B 历史价值　　C 地理优势　　D 文化内涵

93-96.

中国最早的点心已不可考,但至迟在2500年前的《楚辞》里已有记载。《楚辞·招魂》中记录了从主食到菜肴,以及精美点心、酒水饮料等20多个品种的楚地名食。从一些诗歌或历代生活纪录中得知,今日的点心,大部分是由古时的小吃渐渐演变,不断改进而来的,不过当时所用的名称并不是现代人所熟悉的一套。点心的蓬勃发展时期则是从上世纪20年代初才真正开始的。当时满清后人不用工作,终日在饮食场所打发时光,致使酒楼、茶馆数目激增。各大茶馆、酒楼纷纷争奇斗巧,推出不同花样的点心吸引顾客,使得当时的饮食极其繁复精致。

点心虽然不是广东人发明的,却是由广东人发扬光大并传往世界各地的。从清代同治年间开始,广东商人便喜欢聚到茶楼,一边谈生意,一边品尝"一盅两件"(一碗茶和两样点心),这被称为"饮茶"。广州的"二厘馆"(即每位二厘钱)茶楼清末就已存在,这种茶馆一般用粗制绿釉壶泡茶,还供应松糕等价廉物美的"茶点"。广东人对点心有着特殊的感情,就算是到大酒楼吃盛宴,最后都会用几种点心作为漂亮的"闭幕曲"。

四川人也讲究饮茶,多以吃清茶为主,茶食不多,喜欢在茶馆东拉西扯地"摆龙门阵"。在人来人往的茶馆中一边品饮盖碗茶,一边随心所欲地闲聊,同时吃着茶点、看着曲艺表演,享受那份悠然、闲散和漫不经心,实在是人生乐事。

江南人也有上茶楼吃点心、和朋友小聚的风俗。汪曾祺在《故人往事》中说:"摆酒请客,过于隆重。吃早茶则较为简便,所费不多,朋友小聚,洽谈生意,大都是上茶馆;间或也有为了房地纠纷到茶馆来'说事'的,有人居中调解,有人明辨是非,被称为'吃讲茶'。"如此看来,江南的这一习俗与广东人的"饮茶"实在非常接近。

93. 四川人去茶馆主要做什么?
A 品尝点心 B 打发时光 C 调解纠纷 D 洽谈生意

94. 根据上文,下列说法正确的是:
A 点心至少已有2500年历史 B 江南的饮茶风俗来源于广东
C 四川茶馆供应的点心很精致 D "二厘馆"得名于供应两样点心

95. 喜欢在宴席最后安排些点心的是:
A 满清人 B 广东人 C 四川人 D 江南人

96. 最适合做上文标题的是:
A 茶馆里的众生相 B 小小点心大用途
C 点心点缀的多彩人生 D 花样繁多的点心习俗

97-100.

齐白石是中国近代杰出的画家。白石老人以画虾闻名。他画的虾，通体透明，富有动感。在他的笔下，一只只空灵通透的虾跃然于纸上。虾是在水中浮游的活泼玲珑的小生灵，白石老人却只用寥寥数笔赋予了它们无尽的朝气与生命力。

据说，齐白石一开始画的虾太重写真，形似而神不足。后来他意识到了"删繁就简三秋树"，画的虾越来越简练，以简练的笔墨表现最丰富的内容，却越发有神，以少胜多，获得了成功。这其中，将虾的后腿由开始的10只减为8只，再到后来的6只，虾眼也由原来的两点变成两横笔。关键的一点是，在对头、胸部位的处理上，又加了一笔浓墨，更显出虾躯干的透明。由此，我们看到，齐白石并不是以非常精确的手法描绘具体物象，他的观察点和绘画手法是介于似与不似之间，这就是艺术的魅力所在。

细细数来，我们可以发现，从旧石器时代出现的洞窟壁画、彩陶纹等以来，艺术形式往往多以纯感性的形象出现，模糊而又简单是这一时期艺术的特点。随着生产力的逐渐提高，绘画渐渐从生产劳动中分离开来，人们开始有了理性的认识，有了独立的理论，在审美标准上要求做到形似，逐渐要求描绘形象"逼真、明晰"，也就是说要"精确"不要"模糊"。古人说："狗马最难，鬼魅最易。"因为狗马是人们常见的，一定要画"像"了，"不像"就不好，而鬼魅没有形，当然最容易了，这其实反映出的是当时人们崇尚"精确"的审美观。而东晋的顾恺之也曾提出"以形写神"的理论。到了宋徽宗时代，因宋徽宗崇尚形似，追求细节的真实，所谓院体画的状形之风甚盛，如崔白的《寒雀图》、李嵩的《花篮图》等都体现了"精确"的审美观，反映了当时绘画创作上的一种时尚。

而从南宋开始，这种时尚渐渐退去，取而代之的是一种诗情画意的描绘，画幅虽小却富有诗意，如南宋四大家之一马远的作品《寒江独钓图》，把"千山鸟飞绝，万径人踪灭，孤舟蓑笠翁，独钓寒江雪"的意境描绘得淋漓尽致。一叶扁舟，一个老翁坐在小舟上垂钓，画上除了这一处笔墨，其余都是空白，这些留白不是真正的空白，而是水，或是水天相接，计白以当黑，这就是画的妙处。

97. 齐白石后期画的虾：
   A 形似而神不足　　　　　　B 虾的眼睛只是两点
   C 将虾的后腿变为4只　　　D 头、胸加了一笔浓墨

98. 齐白石后期作品的特点是：
   A 注重写真　　　　　　　　B 笔墨繁复
   C 描绘手法精确　　　　　　D 介于似与不似之间

99. 根据上文，下列哪项正确？
   A 绘画从一开始就要求精确　B 狗马难画是因为要求形似
   C 南宋后绘画开始追求形似　D 宋徽宗时模糊是绘画的时尚

100. 关于《寒江独钓图》，下列哪项正确？
   A 没有留白　　　　　　　　B 没有人物
   C 有诗情画意　　　　　　　D 有对水的写真描绘

三、书写

第 101 题：缩写。

（1）仔细阅读下面这篇文章，时间为 10 分钟，阅读时不能抄写、记录。
（2）10 分钟后，监考收回阅读材料，请你将这篇文章缩写成一篇短文，时间为 35 分钟。
（3）标题自拟。只需复述文章内容，不需加入自己的观点。
（4）字数为 400 左右。
（5）请把作文直接写在答题卡上。

　　有位医生年纪大了，但是他的医术非常高明，许多年轻人都想拜他为师。老医生最后选了其中一位年轻人，带着他给病人看病，传授他治病经验。没过几年，年轻人就成了老医生的得力助手。
　　因为老医生的名气越来越大，从四面八方来看病的人与日俱增。为了不让来看病的人等得太久，老医生决定让年轻医生也独立给病人看病，并给了他一个独立的房间。两人约定：病情比较轻微的患者，由年轻医生诊断；病情比较严重的患者，由老医生出马。
　　这样实行了一段时间之后，找年轻医生看病的人越来越多。起初，老医生不以为然，反而很高兴："小病都治好了，当然不会拖延成为大病，病人减少了，我也乐得轻松。"
　　直到有一天，老医生发现，有几位病人的病情很严重，但是仍然坚持选择年轻医生，对此，他百思不得其解。
　　老医生和年轻医生的感情很好，互相信赖，所以他不相信年轻人会从中搞鬼，故意抢病人。"但这是为什么呢？"老医生问他的妻子，"为什么大家不来找我看病？难道他们不知道我的医术高明吗？我刚刚获奖的消息就登在报纸的头版上，很多人都看得到啊！"
　　正好老医生的妻子这几天感冒了，为解开丈夫心中的疑团，老医生的妻子就以普通病人的身份去丈夫的医院看病，顺便看看问题出在哪里。
　　医院里负责接待的护士很有礼貌，对两位医生的介绍也都非常客观，并没有刻意暗示病人要找哪一位医生看病。
　　来医院看病的病人非常多，虽然老医生和年轻医生已经分开看病，但病人等候的时间仍然比较长。在医院等候区等候的时候，病人们就聊起天来，交换彼此的看病经验。
　　老医生的妻子也坐在等候区，仔细听周围病人谈论对医生的看法。大家都说，年轻医生看病时非常仔细，跟病人的沟通很多，而且很亲切、很客气，经常给病人加油打气。"不用担心啦，回去多喝开水，睡眠要充足，很快就会好起来的。"类似这样的鼓励，让病人感到很轻松、愉快。而老医生的情况正好相反，他看病的速度很快，往往病人不用开口多说，他就知道问题在哪里，跟病人之间缺少必要的沟通；同时他的表情很冷淡，仿佛对病人的痛苦毫不在意，缺少同情心。因此，病人们总结：虽然年轻医生的经验不够丰富，但是他足够耐心、细致，并且关心病人，找年轻医生看病，他们心里会得到很大的安慰和鼓励；而老医生虽然经验丰富，但是他看病时漫不经心、与己无关的态度，让病人本来就因身体疼痛而糟糕的心情雪上加霜。所以，他们最终都选择了年轻医生。

当妻子回到家告诉老医生这些见闻时，他惊讶地张大了嘴巴，然后陷入了沉思中……

H61001卷听力材料

（音乐，30秒，渐弱）

大家好！欢迎参加HSK（六级）考试。
大家好！欢迎参加HSK（六级）考试。
大家好！欢迎参加HSK（六级）考试。

HSK（六级）听力考试分三部分，共50题。
请大家注意，听力考试现在开始。

第一部分

第1到15题，请选出与所听内容一致的一项。现在开始第1题：

1. 生物学家和经济学家在树林中散步，突然碰到一头大黑熊。经济学家扭头就跑。生物学家说："别跑了，我们跑不过黑熊！"而经济学家一边狂跑，一边回头说："我虽然跑不过黑熊，但我跑得过你！"

2. 很多人认为不渴就不用补水。专家告诉我们，并不是口渴时才需要喝水，当觉得口渴时，表示身体已经是缺水的状态了，所以正确的喝水方式，就是平常要多补充水分，等口渴才喝，就来不及了。

3. 在大雾天气，飞机不能起飞和降落，汽车、船舶等也因能见度低而容易发生事故。雾对农业生产也有一定的危害，如果连续数天大雾，将使农作物缺乏光照，进而影响生长。

4. 毕业典礼上，校长宣布全年级第一名的同学上台领奖，可是连续叫了几声之后，那个学生才慢慢走上台。后来，老师问他："刚才你怎么了？生病了，还是没听清楚？"学生说："我没生病，我是怕其他同学没听清楚。"

5. 漂亮和成功有没有关系？我认为有很大的关系，因此只要碰到合适的衣服，即使很贵我也会买。穿上漂亮的衣服，我会特别自信，客户也会对我产生良好的感觉，这对我的工作有很大的帮助。

6. "前三分钟定终身"，找工作时你给面试考官的第一印象，从言谈举止到穿着打扮都将直接影响你被录取的机会有多大。要彬彬有礼，但不要显得过分殷勤；要大方得体，但不要拘谨或过分谦虚。

7. 二十几岁是人生的春天，这个春天非常短暂，如果不及时播下种子，等到了夏天再播，种子就不易发芽了，即使发芽了，成长的过程也会变得非常艰辛。因此，聪明的农夫绝不会错过春天这个播种的最佳季节。

8. 孩子找妈妈要两块钱。"昨天给你的钱呢？""我给了一个可怜的老奶奶。"他回答说。"你真是个好孩子！"妈妈高兴地说："再给你两块钱。可是你为什么要把钱给那位老奶奶呢？""她是个卖糖的。"

9. 在饮酒时，鼻子能闻到酒的香味，眼睛能看到酒的颜色，舌头能够品尝酒的味道，只有耳朵被排除在外。有人想出了碰杯的办法，杯子发出清脆的响声，耳朵就和其他器官一样，也能享受到喝酒的乐趣了。

10. 桂林位于广西东北部，它拥有"甲天下"的山水风光，悠久的历史文化，多彩的民族风情，一流的生态环境和独特的城市风貌。桂林是一个适合人类居住的城市，一个可以满足现代人多元化旅游需求的国际旅游城市。

11. "男人的钱包、女人的年龄"被人们视为现代职场中的两大秘密，不过在网络上，很多人正热衷于把自己的详细收入甚至日常开支都展示出来，网民们给它起了个生动的名字叫"晒工资"。

12. 电影是音乐和绘画的结合。音乐是电影艺术中的一个重要组成部分。很多人喜欢在电影院里看电影是因为想感受声音的刺激。从开始到结束，大量的音乐使情节变得更丰富、更曲折了。

13. 航天科技活动与人类生活的关系日益密切，居民电视、手机信号等无不依赖于天上卫星发来的信号，连城市交通也要依赖卫星信号来调控。由此可见，航天科技活动对人类生活的影响正在逐步增大。

14. 《西游记》是中国古代一部著名的长篇神话小说。书中最吸引读者的形象是孙悟空，他机智勇敢，本领高强，敢于反抗，深受人们喜爱。这部小说充满了奇特的幻想，表现出丰富的艺术想象力，在中国影响极大。

15. 一项研究结果表明，当人们感到气愤而想发脾气时，如果能够及时宣泄出来，会有利于自己的身体健康，也会给长寿带来机会。研究结果显示，那些活得长的研究对象基本上都属于"有脾气则发"的类型。

第二部分

第 16 到 30 题，请选出正确答案。现在开始第 16 到 20 题：

第 16 到 20 题是根据下面一段采访：

女：大家好，欢迎来到我们的访谈室，现在坐在我身边的是北京欢乐谷的副总经理郑维先生。您好！

男：您好！

女：欢乐谷是在主题公园建立受挫的背景下兴建的，它的建立初衷是什么？

男：九六年，全国到处兴建主题公园，但整体经营情况不太好。我们对此进行了调查，发现当时的主题公园都是观赏性的，而随着经济的发展和人们需求的变化，大众群体更需要一种参与性强的公园，所以我们提出"生活就是体验，体验就是生活"，基于这个理念我们便开始策划欢乐谷。

女：欢乐谷为什么要建在北京？

男：因为北京是中国的首都，作为大都市，如果从旅游这个领域来看，北京更多的是一些传统文化的旅游景点，时尚娱乐的东西比较少，而纵观全世界各个类似的大都市，都有现代化的时尚公园相配套，而北京恰恰缺这一个。

女：欢乐谷相对于嘉年华有什么特色？

男：我们公园由四个部分构成。一个是娱乐设备，这个方面跟嘉年华有点类似，但是我们跟嘉年华设备方面的不同，就是我们的设备大型的和超大型的比较多。第二就是我们的景观，我们将巨额的资金投入到整个景观的建设上，包括建筑、雕塑、园林等等。第三是表演，我们拥有庞大的演艺系统，整个欢乐谷演艺队伍有两百多人，我们每天给游客奉献二十多场表演。第四是主题活动，我们每隔一段时间会根据市场推出不同的活动，暑假我们刚刚搞了"梦想狂欢节"，"十一"过后我们会推出"时尚狂欢节"。

女：游乐设施，观赏景观，主题表演，还有主题活动，会不会让游客觉得眼花缭乱，分不清主次？

男：在进入欢乐谷之前，我们会给每位游客一个时间表和一张导游图，清楚标明当天有哪些设备项目，有哪些表演，游客可以根据自己的喜好和时间，规划自己的游玩线路，所以相信每位游客都可以在欢乐谷充分享受欢乐。

16. 欢乐谷的设计理念是什么？
17. 欢乐谷建在北京的主要原因是什么？
18. 欢乐谷与嘉年华在哪方面有相似之处？
19. 欢乐谷的演艺队伍有多少人？
20. 为游客提供时间表和导游图的目的是什么？

第21到25题是根据下面一段采访：

男：今天的嘉宾是一位女摄影师，也是一位桃李满天下的老师。宋靖老师，您好！平遥摄影大展就要开始了，您是第几次参加？

女：我是第一次参加。我平时的创作是电影和电视广告。图片摄影我虽然拍了十二年，然而一直是积累的过程。这次参加，是因为我觉得十几年的拍摄应该总结一下。

男：您作为一个专业人士是怎样看待像平遥这样一个越来越享有国际声誉的大赛的？

女：平遥摄影节据我了解，一开始也是以地方旅游经济为目的展开的。现在赢取了这么大的成绩，而且在业内确定了它的权威性和全面性。对于世界来讲，提供了一个窗口介绍中国摄影师。它是了解中国摄影和中国了解世界摄影的窗口和桥梁。

男：您也是一位很了不起的老师，学生们都很喜欢您上课的形式，您能不能给大家介绍一下？

女：我的教学形式是这样的，白天拍摄，晚上上课。用我们认可的纪实摄影大师的作品启发学生，用纪实摄影的理论指导学生应该怎么拍摄，告诉学生用心灵去感应。

男：对于您的学生来讲，您的授课方式在专业上对他们来说是一个提升，在生活、眼界方面也是一个扩大。他们在这方面的收获，是不是已经超过了您的预期？

女：的确是这样。九八年，我带着学生去山西。因为我一直奉行艺术向生活学习，所以我开始上生活摄影课的时候，就主张应该到生活里去，让学生到那个地方，比较集中地感受生活。当我们从山西回来第一次做展览的时候，我真的觉得学生拍的东西太好了。你都不知道他们的力量有多大。

男：在我们眼中，女性摄影是非常酷的职业，您是怎么开始您的职业生涯的？

女：我从小学画画，然后考电影学院摄影系。当时电影学院没有图片摄影系，都是电影摄影，我就考上了这个专业。我感觉我对艺术有一点点天分，而且学得不累。

21．女的平时主要从事哪方面的创作？
22．举办平遥摄影节最初的目的是什么？
23．女的采取什么样的教学形式？
24．女的觉得学生的第一次展览怎么样？
25．关于女的，下列哪项正确？

第26到30题是根据下面一段采访：

女：今天来到我们现场的嘉宾是著名漫画家蔡志忠先生。蔡志忠先生是一个很特别的人物，全球每天至少有十五部机器在同时印刷他的作品。听说蔡先生很小就迷上了漫画，能说一说入迷的经过吗？

男：我小时候因为家里房子多，大约从两三岁起，就一个人睡一个房间，渐渐养成了独立自主的个性。我也记不清是从哪一年开始对漫画产生兴趣的了，反正小学课本和作业本的白边上，到处都活跃着我信手画的小人国。考上中学后，态度才认真起来，将书报杂志上的漫画拿来细细品味揣摩，然后将心中的构思画在纸上，向出版社投稿。画稿也很幸运地不断地被采用。后来我就被一家杂志社录用了。

女：那时您初中毕业了吗？

男：还没有，只差半年。可我太热衷漫画了，别说半年，就是一个月也等不得。我决定接受这份工作。

女：您的父亲没有阻拦吗？

男：我能有今天，要特别感激父亲的宽容。俗话说：知子莫若父。父亲对我非常了解也非常信任，他知道我提前退学一定是去从事自己热爱的事业的。

女：听了您谈的这些，是不是可以说您是自学成才的？

男：可以这么说吧。我学画漫画，完全是兴趣爱好，我自己没有多高的文化，也从来没有拜过老师。我相信只要自己喜欢干，就一定能学好、干好。人要有出息，必须靠自己。当然，"无师自通"不是无条件的，要达到较高的境界，必须如醉如痴地去追求。

女：您画漫画的目的是什么？

男：完全没有目的。就像我们谈话口渴了，就喝一口茶；中午饿了，就下楼找餐厅吃饭一样。在我眼里，漫画是一种有意思的表达方式，内心有所感悟时，就用画面传达给读者。为了达到漫画最高标准，我是全力以赴的。我每天早晨七点钟起床，开车送女儿去上学，然后就到自己的工作室去画画，一直画到下午六点半，晚饭以后继续画，总是到凌晨两三点钟才上床睡觉。我很珍惜时间，在我脑子里，没有昨天，也没有明天，只有今天。

26．男的从小养成了怎样的个性？
27．男的什么时候开始以漫画为职业？
28．男的特别感激父亲的什么？
29．男的把画画看做什么？
30．关于男的，下列说法哪项正确？

第三部分

第 31 到 50 题，请选出正确答案。现在开始第 31 到 34 题：

第 31 到 34 题是根据下面一段话：

把交流当成习惯，在日常生活中形成一种"时时沟通，事事交流"的习惯，否则，即使为了表达某种善意，或是为了把事情办好，也有可能因为缺少交流而把事情办糟。

丈夫要在一个重要会议上演讲，为此，妻子专门为他买了一身西服。晚饭时，妻子问西服是否合身，丈夫说上衣很好，就是裤子长了两公分，倒是能穿，影响不大。

晚上，丈夫早早就睡了。可他的母亲却睡不着，一直在琢磨着儿子这么重要的演讲，西裤长了怎么能行，反正人老了也睡不着，就下床，把西服的裤腿剪掉两公分，缝好烫平，然后安心地入睡了。到了早上五点半，妻子睡醒了，想起丈夫西裤的事，觉得时间还来得及，便拿来裤子剪掉两公分，缝好烫平，然后去做早餐了。一会儿，女儿也起床了，看妈妈的早餐还没有做好，就想起爸爸西裤的事情，心想自己也能为爸爸做点事情了，便拿来西裤，剪短两公分，缝好烫平……

就这样，一条只长了两公分的裤子，因为缺乏交流与沟通，被她们三人连续剪短了三次。等这位丈夫做好了所有的准备，再来换衣裤时，却发现这条裤子已经短得不能再穿了。

31．这条裤子是谁买的？
32．女儿为什么把裤子剪掉两公分？
33．丈夫的裤子为什么不能穿了？
34．这段话主要想告诉我们什么？

第 35 到 37 题是根据下面一段话：

一百多年前，有一个商人去四川北部收购油。没想到油尚未榨出就已经被先到的商人订购一空，他什么也没买到。正当他颓废沮丧、没有办法的时候，一个叫卖着推销油桶的小商贩经过他的身边，这突然引发了他的灵感。他四处向农民们打听，了解到今年油料作物获得了大丰收，因此对油桶的需求量也相应增大了。此时，油还没榨出，还没有人注意到油桶市场。于是，他把计划用于购买油的钱全部用来订购油桶，占有了四川北部所有的油桶货源，因而获得了丰厚的利润。

35．这个商人为什么没买到油？
36．谁给了这个商人启发？
37．这段话主要介绍什么？

第 38 到 40 题是根据下面一段话：

我从小就非常崇拜科学家，对自然界也充满了好奇心。我认为科学家是在为全人类探索道路。在漆黑一片的世界里，科学家走在最前面，不畏艰辛，顽强地开拓，在经历无数的失败以后，为人类找到发展的道路。做科学家是一件很难的事情，你把全部的身心都投进去也不够用。你要有非常坚韧的意志，你要能承受一次又一次的失败。你做的事情，全人类只需要做一次，如果你是重复别人已经做过的，发现别人已经发现的，你的工作就一钱不值。

38．说话人对科学家的态度是什么？
39．说话人认为什么样的人能成为科学家？
40．科学家做的是什么样的事情？

第 41 到 44 题是根据下面一段话：

有一个农夫，划着小船，给另一个村子的居民运送自己的农产品。他着急地划着小船，希望赶紧送完货物，在天黑前能够赶回家。突然，农夫发现，前面有一只小船向自己快速驶来。眼看就要撞上了，但是那只船丝毫没有退让的意思，好像是有意要撞翻农夫的小船。

"让开，快点儿让开！"农夫生气地向对面的船吼道："再不让开你就要撞上我了！"但是农夫的吼叫完全没有用，尽管农夫手忙脚乱地向旁边躲避，但已经来不及了，那只船还是重重地撞上了他的船。农夫非常生气，抱怨道："你会不会开船？这么宽的河面，你竟然还能撞到我的船上！"农夫突然不说话了，他发现，小船上空无一人。听他严厉指责的竟然只是一只挣脱了绳索、顺河漂流的空船。

41．关于农夫，可以知道什么？
42．农夫看到对面的船后做了什么？
43．关于对面的那只船，下列哪项正确？
44．根据这段话，可以知道什么？

第45到48题是根据下面一段话：

你相信吗，即使是婴儿也能分辨出友好和不友好的伙伴，并且知道该和谁一起玩儿。有实验表明，六个月到十个月大的婴儿在他们会说话之前就已经表现出了至关重要的社交判断技巧。

在实验中，婴儿们看着一个木制的大眼睛娃娃在爬过山车，然后有另外的大眼睛娃娃过来，有的帮助它爬过去，有的把它推倒，还有的则什么也不做。研究人员把这些大眼睛娃娃拿给婴儿，看他们会和哪一个玩儿，几乎每个婴儿都选择了帮助别人的娃娃而不是把人推倒的。此外，与捣乱的娃娃相比，婴儿们也会选那些"中立"的娃娃，也就是那些既不帮忙也不捣乱的。但如果是在帮忙的和"中立"的娃娃当中选择的话，他们还是会选那些帮忙的。

"婴儿们能这么做真是令人难以置信，"这项研究的负责人说，"这表明他们不用别人教就已经拥有了一些基本的社交技巧。"

45．这些婴儿有什么特点？
46．根据这段话，木头娃娃的行为可以分为几类？
47．实验表明婴儿们已经具有哪方面的能力？
48．那位负责人认为，婴儿的这种能力来自哪里？

第49到50题是根据下面一段话：

如果问如今的年轻一代，喜欢哪种类型的音乐，得到的绝大部分回答是"流行音乐"。流行音乐歌唱的大都是男女爱情，歌词贴近生活，通俗易懂，易于传唱，受到欢迎不足为怪。但所谓"流行"，就是红极一时却很快被遗忘的"快餐"文化，除了能为日常生活增添一些乐趣，大部分的流行音乐留给乐迷们的营养成分实在太少。但是比较流行音乐与高雅音乐，二者之间并不是完全的界线分明，随着时间的推移，流行音乐有可能上升为高雅音乐。所以，我们不能否认流行音乐的积极作用。

49．现在的年轻人比较喜欢什么音乐？
50．下列哪项是说话人的观点？

听力考试现在结束。

H61001 卷答案

一、听 力

第一部分

1. D 2. C 3. A 4. C 5. C
6. D 7. B 8. A 9. A 10. D
11. D 12. A 13. B 14. A 15. C

第二部分

16. B 17. C 18. D 19. C 20. B
21. D 22. C 23. D 24. A 25. D
26. A 27. B 28. A 29. A 30. A

第三部分

31. B 32. D 33. B 34. A 35. B
36. D 37. C 38. A 39. B 40. C
41. B 42. C 43. B 44. D 45. C
46. A 47. B 48. A 49. B 50. C

二、阅 读

第一部分

51. D 52. A 53. D 54. C 55. B
56. A 57. C 58. C 59. D 60. D

第二部分

61. B 62. A 63. B 64. A 65. C
66. C 67. B 68. D 69. A 70. D

第三部分

71. D 72. C 73. E 74. A 75. B
76. A 77. D 78. B 79. C 80. E

第四部分

81．D	82．C	83．D	84．D	85．C
86．C	87．B	88．C	89．B	90．D
91．A	92．A	93．B	94．A	95．B
96．D	97．D	98．D	99．B	100．C

三、书 写

101．（略）

新汉语水平考试
HSK（六级）

H61002

注　意

一、HSK（六级）分三部分：

　　1. 听力（50题，约35分钟）

　　2. 阅读（50题，50分钟）

　　3. 书写（1题，45分钟）

二、听力结束后，有5分钟填写答题卡。

三、全部考试约140分钟（含考生填写个人信息时间5分钟）。

中国　北京　　　　　　　　　　国家汉办/孔子学院总部　　编制

# 一、听 力

第一部分

第1-15题：请选出与所听内容一致的一项。

1. A 儿子哭了
   B 妈妈口渴了
   C 儿子不想睡觉
   D 儿子给妈妈倒了一杯水

2. A 不渴时不要喝水
   B 运动前不要多喝水
   C 平时多喝水很重要
   D 每天应该喝8杯水

3. A 现在的书比以前贵
   B 现在人们的交流很少
   C 通过书本传播知识很有限
   D 以前人们主要靠书本传递知识

4. A 设计婴儿房很困难
   B 婴儿房要考虑安全性
   C 婴儿喜欢房间里的家具
   D 婴儿房的窗户要尽量小

5. A 小李被罚款了
   B 小李今天没开车
   C 小李的事情没办完
   D 小李找到一个停车位

6. A 倾听很重要
   B 倾听有很多种方式
   C 与人交流要主动一些
   D 不要随便给别人提建议

7. A 人们喜欢养鸟
   B 鸟的巢缺少美感
   C 鸟的种类非常多
   D 鸟巢对建筑设计有启发性

8. A 张衡有许多朋友
   B 张衡去过很多国家
   C 张衡从小就很聪明
   D 张衡对地震学很有研究

9. A 漫画开始衰落了
   B 漫画的内容很简单
   C 漫画有较强的社会性
   D 漫画是专门给孩子看的

10. A 桂林的历史不长
    B 桂林在广西南部
    C 桂林经济比较落后
    D 桂林是一个旅游城市

11. A 好演员的年龄较大
    B 学习京剧表演很容易
    C 京剧演员的数量很少
    D 京剧表演对演员要求比较高

12. A 北极熊很胆小
    B 北极熊力气很大
    C 白鲸是北极熊的天敌
    D 北极熊对人类很友好

13. A 小王不让爱人走
    B 小王要离家出走
    C 小王和妻子吵架了
    D 爱人拿出来一个大箱子

14. A 《西游记》想象力丰富
    B 《西游记》是短篇小说
    C 《西游记》是一部历史小说
    D 《西游记》不受老年人的欢迎

15. A 音乐可以丰富电影情节
    B 电影院的吸引力变小了
    C 电影比音乐更有吸引力
    D 音乐对绘画有很大影响

第二部分

第16-30题：请选出正确答案。

16. A 便于解决矛盾
    B 减少工作人员
    C 形成良性竞争
    D 集中发展交通

17. A 在澳门工作过
    B 缺少工作经验
    C 专业是环境保护
    D 对民间组织不熟悉

18. A 很简单
    B 成绩很大
    C 很难适应
    D 非常有趣

19. A 问题很多
    B 道路狭窄
    C 管理得很好
    D 乘车不方便

20. A 提高巴士票价
    B 重视道路修建
    C 鼓励老百姓买车
    D 鼓励市民骑自行车

21. A 4到5个
    B 8个
    C 10个
    D 12个

22. A 充实生活
    B 工作需要
    C 增加收入
    D 提高知名度

23. A 人们不爱思考
    B 人们更喜欢悲剧
    C 读者的需求在提高
    D 受到其他媒介的冲击

24. A 历史文化
    B 文学创作
    C 娱乐方式
    D 工作方法

25. A 灵感
    B 交际能力
    C 个人生活体验
    D 对社会的认识与判断

26. A "冬眠"
    B 压缩研发
    C "锻炼身体"
    D 调整现金流

27. A 很成功
    B 不值得借鉴
    C 效果不理想
    D 有经验也有教训

28. A 后劲不足
    B 资金充足
    C 只做低端产品
    D 研发投入较少

29. A 10
    B 11
    C 15
    D 21

30. A 奇瑞的发展历史
    B 中国汽车产业的未来
    C 汽车产业在中国的地位
    D 面对经济危机，奇瑞如何发展

第三部分

第31-50题：请选出正确答案。

31. A 同学失败了
    B 同学生病了
    C 同学很紧张
    D 同学参加了演讲比赛

32. A 怕丢面子
    B 不想讲真话
    C 怕失去朋友
    D 不希望比别人突出

33. A 要关心别人
    B 要有责任心
    C 不要急于求成
    D 别太在意别人的看法

34. A 土壤
    B 吸收水分
    C 争取更多阳光
    D 传播种子或果实

35. A 给种子提供营养
    B 防止被海水腐蚀
    C 使椰子能浮在水面上
    D 使椰子能从树上掉下来

36. A 1
    B 2
    C 3
    D 4

37. A 能主动解决
    B 能创造性地解决
    C 只能被动地解决
    D 不可能解决问题

38. A 什么是思考
    B 怎样编写程序
    C 电脑会思考吗
    D 电脑具有的优点

39. A 不急着回家
    B 要去别的村子
    C 他的船被撞翻了
    D 天黑以后才出发

40. A 喊救命
    B 跳进水里
    C 叫对方让开
    D 躲开了那只船

41. A 非常大
    B 速度很快
    C 船上有很多人
    D 船上有很多货物

42. A 河面很窄
    B 当时是早上
    C 农夫年纪大了
    D 两只船相撞了

43. A 男人
    B 女人
    C 儿童
    D 老人

44. A 人需要哭
    B 女人爱哭
    C 哭有害健康
    D 哭能缓解压力

45. A 能缓解痛苦
    B 不含有害物质
    C 蛋白质含量低
    D 可以预防心脏病

46. A 人为什么会哭
    B 哭的积极作用
    C 怎样避免伤心难过
    D 男人为什么不爱哭

47. A 赞美他的外表
    B 称赞他经历丰富
    C 称赞他过去的成功
    D 赞美他的才能和勇气

48. A 不夸张
    B 发自内心
    C 用语具体
    D 因人而异

49. A 不太自然
    B 不受重视
    C 真挚可信
    D 容易接受

50. A 赞美的效果
    B 赞美要讲究技巧
    C 赞美能消除误会
    D 赞美能带来快乐

二、阅 读

第一部分

第 51-60 题：请选出有语病的一项。

51. A 秦始皇兵马俑是在 1974 年发现了。
    B 正方形是四条边等长、四个角相等的四边形。
    C 冬冷夏热，四季分明，是温带气候的显著特点。
    D 正像世界上没有两片完全一样的树叶，每个人也是独一无二的。

52. A 未来一周我国将出现大范围雨雪天气。
    B 生姜具有暖胃驱寒的功效，是很好的保健食材。
    C 已经 10 点了，我估计他今天一定不会来参加会议了。
    D 小孩子的模仿能力很强，所以成人在小孩子面前要注意自己的言行。

53. A 在家人的照顾下，他很快恢复了健康。
    B 保持好的心情，关键是要有一个好的心态。
    C 商业广告显然不同于公益广告，因为它带有明显的功利色彩。
    D 为了防止今后不再发生类似的事件，有关部门及时完善了管理措施。

54. A 妈妈把茶几擦得一尘不染得干净。
    B 笔画多的字写起来麻烦，可是认起来未必难。
    C 锻炼的时候运动量要适当，以免对身体造成伤害。
    D 陶渊明流传下来的诗歌大约有 120 首，另外还有散文、辞赋多篇。

55. A 农历九月九日，为中国传统的重阳节。
    B 对于幸福的含义，每个人都有不同的理解。
    C 由于自然资源匮乏，该个国家的主要工业原料均依赖进口。
    D 这种星系没有一定的形状，也没有明显的中心，所以被称为不规则星系。

56. A 生活是一把镜子，你对它微笑，它也对你微笑。
    B 窗花是一种剪纸艺术品，在中国民间已有上千年的历史。
    C 一个人的快乐，不是因为他拥有的多，而是因为他计较的少。
    D 臭氧层就好比是地球的"保护伞"，阻挡了太阳 99% 的紫外线辐射。

57. A 中国画基本上可以分为三类：人物画、山水画、花鸟画。
    B 河水的来源除了地下水之外，还有雨水也是它的来源之一。
    C 很多人都同意的不见得就是对的，真理往往掌握在少数人手里。
    D 《三字经》自南宋以来，已有 700 多年历史，可谓家喻户晓，脍炙人口。

58. A 北京烤鸭这个有着近150年历史的北京名吃，如今已成为世界闻名的美食。

　　B 报告说，该公司第四季度赢利达18.6亿元，十分超出了分析人士此前的预期。

　　C 作为中国十大传世名画之一，《清明上河图》生动地记录了中国十二世纪城市生活的面貌。

　　D 幽默的确是一个很有魔力的东西，拥有了它，我们与别人的交谈就会变得更有味道，相处也会变得非常融洽。

59. A 人人都需要关爱，关爱能增近两个人的感情，拉近两个人的距离。但是，这种关爱的前提是适度。

　　B 人们在财务困境中挣扎的一个原因是：他们在学校里学习多年，却没有学到任何关于金钱方面的知识。

　　C 1940年11月27日出生的李小龙，虽然不是最早进入好莱坞的华人，却是最早成为国际巨星的功夫演员。

　　D 作为一名翻译工作者，一方面要努力学好外语，一方面要学好本民族语言也是非常重要的，两者缺一不可。

60. A 地球上的生命有30多亿年的发展史，其中85%以上的时间是在海洋中度过的。

　　B 经过长期的实践，中国建筑在运用色彩方面积累了丰富的经验，并形成了南北不同的地域色彩风格。

　　C 人的精力是有限的，我们不可能一个人做所有的事，所以作为一个企业领导，必须学会把权力授予适当的人。

　　D 南京，古称金陵，已有近2500年的历史。她既有自然山水之胜，又有历史文物之雅，兼具古今文明的园林化城市。

第二部分

第61-70题：选词填空。

61. 随着生活节奏的不断加快，现代人工作之余需要用娱乐来调节身体的紧张_____，只一味地工作，不_____任何娱乐活动，最终会_____身体健康。

A	情况	举行	不利
B	情形	举办	阻碍
C	状况	参与	防止
D	状态	参加	损害

62. 北京四合院之所以有名，首先在于它的历史_____。自元代正式建都北京，大_____建设都城时起，四合院就与北京的宫殿、衙署、街区、坊巷和胡同同时_____了。

A	悠久	规模	出现
B	深远	面积	建立
C	长久	部分	创造
D	灿烂	格局	成立

63. 中国是风筝的故乡，而潍坊是_____风筝和放飞风筝最早的地方。风筝是潍坊_____艺术中的一朵奇葩。从有文字_____至今，风筝已有2000多年历史。

A	发现	生活	说明
B	发明	民间	记载
C	制作	表演	记录
D	制造	文化	应用

64. 唐代出现了一种供人消暑的"凉屋"。"凉屋"通常_____水而建，_____类似水车的方式推动扇轮摇转，将凉气徐徐送入屋中，或者利用_____将水送至屋顶，然后沿檐而下，制成"人工水帘"，屋子里_____会凉快起来。

A	按	采纳	工程	一定
B	傍	采用	机械	自然
C	临	依照	工具	经常
D	依	依据	设备	时常

65. 如果没有在部队的自学_____，就没有后来名满天下的二月河。他在21岁时跌入了人生最低谷，又在不惑之年步入巅峰，从超龄留级生到著名作家，其间的机缘转折，似乎有些误打误撞。但二月河不这么_____，他说："人生好比一口大锅，当你走到了锅底时，只要你肯_____，不论朝哪个_____，都是向上的。"

A	经历	理解	努力	方向
B	学历	分析	加油	方面
C	阶段	认为	付出	目标
D	课程	思考	攀登	范围

66. 有这样一群人，他们_____工作，只要工作_____，他们就会变换住处，_____变换生活的城市，所以他们_____搬家。

  A 愿意 希望 而且 等待
  B 喜欢 要求 宁可 往往
  C 热爱 需要 甚至 习惯
  D 追求 需求 并且 频繁

67. 在阅读物理学家的传记时，我们可以发现一个十分有趣的_____：许多物理学家都是音乐爱好者。物理学研究要运用_____思维和数学语言；而从事音乐活动则主要运用形象思维和艺术语言。这两种思维_____迥然不同，可是它们竟如此_____地统一在了物理学家身上。

  A 现象 逻辑 方式 神奇
  B 场面 抽象 形式 神秘
  C 特征 复杂 过程 巧妙
  D 事实 全面 能力 奇妙

68. 任何大的成功，都是从小事一点一滴_____而来的。没有做不到的事，只有不肯做的人。想想你曾经历过的失败，当时的你真的用尽全力试过各种_____了吗？困难不会是成功的_____，只有你自己才_____是一个最大的绊脚石。

  A 取得 想法 条件 能够
  B 积累 办法 障碍 可能
  C 争取 方法 基础 可以
  D 获得 途径 结果 允许

69. 打哈欠是人类的一种本能行为，非_____意志所能控制。当一个人受到劳累、睡意等因素的_____时，会引起相关分子大量分泌，进而引起"哈欠中枢"_____，随即向人体肌肉发出"指令"，有关的肌肉严格_____"指令"运动，于是，一个哈欠_____了。

  A 主观 刺激 兴奋 遵照 诞生
  B 客观 袭击 异常 采取 产生
  C 自身 打扰 快乐 贯彻 发生
  D 自我 麻烦 激动 服从 出生

70. 女娲补天的神话_____，但女娲的活动区域却_____。陕西省文物工作者在对女娲庙遗址进行文物调查时发现了三块与女娲_____的石碑，这些石碑与古代书籍相印证，_____了女娲文化的发源地在陕西省平利县。

  A 妇孺皆知 众口一词 关联 论证
  B 尽人皆知 众口难调 相关 更正
  C 家喻户晓 众说纷纭 有关 证实
  D 众所周知 人云亦云 相连 证明

第三部分

第 71-80 题：选句填空。

71-75.

狼群在荒凉的雪地上奔跑,它们已经好几天没有吃到食物了。猎物就在前面,（71）_____,终于,一只狼扑向猎物,就在这一瞬间,后面的狼也赶到,猎物被咬死在地。

这时,分享猎物的行动开始了,首先,是最强壮的狼,即咬死猎物的狼先吃,然后是强壮的狼吃,（72）_____。如果食物不够吃,体弱的狼就吃不上食物。猎物一吃完,狼群又开始奔跑起来,（73）_____。

狼群就这样跑过漫长的冬季。

偶尔狼群吃饱了,它们也总是把尾巴夹得紧紧的,很少互相争斗,即使争斗,弱者也很快服输,夹着尾巴到另一边去了。（74）_____。一队狼群就这样奔跑着,虽然队伍中不时有狼倒下,但狼群依然奔跑着,始终充满了活力。

先强后弱是狼群的"分配原则"。因为,猎物总是跑在最前面的狼捕获的,没有它们,就不会有食物。（75）_____,如果这一部分狼跑不动了,也不会有食物,对这支狼群来说其结果是灾难性的。

A 狼群的目标始终是前方的猎物

B 向下一个猎物追去

C 跑在最前面的狼必须保持一定的体力

D 狼群拼命地追赶

E 最后才是身体瘦弱的狼

76-80.

有一个自以为很有才华的年轻人，毕业以后屡次碰壁，一直找不到理想的工作，他觉得自己怀才不遇，没有人欣赏并且重视他。（76）_____，他感到没有伯乐来赏识他这匹"千里马"。

痛苦绝望之下，有一天，他来到大海边，（77）_____。

在他正要自杀的时候，正好有一位老人从附近走过，看见了他，并且救了他。老人问他为什么要走绝路，他说自己得不到别人和社会的承认，（78）_____。

老人从脚下的沙滩上捡起一粒沙子，让年轻人看了看，（79）_____，对年轻人说："请你把我刚才扔在地上的那粒沙子捡起来。"

"这根本不可能！"年轻人说。

老人没有说话，从自己的口袋里掏出一颗晶莹剔透的珍珠，也是随便地扔在了地上，然后对年轻人说："你能不能把这颗珍珠捡起来呢？"

"当然可以！"

"那你就应该明白是为什么了吧？你应该知道，（80）_____，所以你不能苛求别人立即承认你。如果要别人承认，那你就要想办法使自己成为一颗珍珠才行。"年轻人低下了头。

A 对社会感到非常失望

B 然后就随便地扔在了地上

C 打算就此结束自己的生命

D 现在你自己还不是一颗珍珠

E 多次的碰壁，让他伤心而绝望

第四部分

第 81-100 题：请选出正确答案。

81-84.

你注意到了吗？向日葵的花盘总是跟着太阳转，好像对阳光有特别的感情似的。过去人们一直认为这是植物生长素在起作用，因为生长素分布在花盘和茎部的背阳部分，促进那里的细胞分裂增长，而向阳面的生长相应地慢了，于是植物就弯曲起来，葵花的花盘就这样朝着太阳打转了。

然而，近年来植物生理学家发现，在葵花的花盘基部，向阳和背阳处的生长素分布基本相等。显而易见，葵花向阳就不是植物生长素的作用了。

那么，是什么原因使葵花向阳呢？有人做了实验，在温室里，用冷光（就是日光灯）代替太阳光模拟阳光方向对葵花花盘进行照射。尽管早晨从东方照来，傍晚从西方照来，葵花始终没转动。然而，用火盆代替太阳，并把火光遮挡起来，花盘却会一反常态，不分白天黑夜，也不管东西南北，一个劲儿朝着火盆转动。

由此可见，向日葵花盘的转动并不是由于光线的直接影响，而是由于阳光把向日葵花盘中的管状小花晒热了，基部的纤维会发生收缩，这一收缩就使花盘能主动转换方向来接受阳光。

所以，向日葵还可以称做"向热葵"。

81. 植物学家的发现，说明葵花向阳：
    A 受时间的影响　　　　　　B 与生长素无关
    C 能促进细胞分裂　　　　　D 可以放慢生长速度

82. 实验表明，向日葵花盘转动主要与什么有关？
    A 热量　　　B 阳光　　　C 形状　　　D 天气

83. 关于向日葵，下列哪项正确？
    A 是一种耐寒植物　　　　　B 花盘中有管状小花
    C 生长素分布不均匀　　　　D 花盘转动不受阳光的影响

84. 最适合做上文标题的是：
    A 日光灯的秘密　　　　　　B 神奇的生长素
    C 生命在于运动　　　　　　D 向日葵？向热葵

85-88.

有一天，上天创造了三个人。他问第一个人："到了人世间你准备怎样度过自己的一生？"第一个人想了想，回答说："我要充分利用生命去创造。"

上天又问第二个人："到了人世间，你准备怎样度过你的一生？"第二个人想了想，回答说："我要充分利用生命去享受。"

上天又问第三个人："到了人世间，你准备怎样度过你的一生？"第三个人想了想，回答说："我既要创造人生又要享受人生。"

上天给第一个人打了50分，给第二个人打了50分，给第三个人打了100分，他认为第三个人才是最完美的人，他甚至决定多生产一些"第三个"这样的人。

第一个人来到人世间后，表现出了不平常的奉献感和拯救感。他为许许多多的人做出了许许多多的贡献。对自己帮助过的人，他从无所求。他为真理而奋斗，屡遭误解也毫无怨言。慢慢地，他成了德高望重的人，他的善行被人广为传颂，他的名字被人们默默敬仰。他离开人间时，所有人都依依不舍，人们从四面八方赶来为他送行。直至若干年后，他还一直被人们深深怀念着。

第二个人来到人世间后，表现出了不平常的占有欲和破坏欲。为了达到目的，他不择手段，甚至无恶不作。慢慢地，他拥有了无数的财富，生活奢华，妻妾成群，一掷千金。后来，他因作恶太多而得到了应有的惩罚。正义之剑把他驱逐出人间的时候，他得到的是鄙视和唾骂。若干年后，他还一直被人们深深痛恨着。

第三个人来到人世间，没有任何不平常的表现。他建立了自己的家庭，过着忙碌而充实的生活。他离开人间若干年后，没有人记得他。

人类为第一个人打了100分，为第二个人打了0分，为第三个人打了50分。这个分数，才是他们的最终得分。

85. 根据上文，具有牺牲精神的是：
   A 第一个人　　　　　　　B 第二个人
   C 第三个人　　　　　　　D 第一个人和第三个人

86. 关于这三个人，可以知道什么？
   A 得到了相似的评价　　　B 说的和做的不一样
   C 他们拥有不同的人生　　D 他们的生活都很不幸

87. 文中画线词语"无恶不作"的意思是：
   A 非常努力　　　　　　　B 忍受了很多痛苦
   C 做了非常多的坏事　　　D 取得了很大的成就

88. 根据上文，下列哪个词最适合形容"第三个人"？
   A 平凡　　B 高尚　　C 奢侈　　D 聪明

89-92.

"足迹"这个词最近很热门。在环保领域,"足迹"指某种东西对地球环境的影响。比如"碳足迹",就是指某人或者某工厂的二氧化碳净排放量。作为最主要的温室气体,二氧化碳是全球气候变化的罪魁祸首。

从某种意义上讲,农业是人类在地球上留下的最大的"足迹"。农业就是人类对大自然的"改良"。农业这只大脚所到之处,森林变成了农田,湿地变成了牧场,野花、野草被斩尽杀绝,野生动物被迫远走他乡。可是,没有农业,人类就不可能有现在的繁荣。

虽然农产品本质上都属"人造"物种,但经过多年种植,这些农作物已经和大自然达成了一种新的平衡。20世纪开始的科学进步打破了这一平衡。化肥、杀虫剂和除草剂等新技术的出现,在短时间内对大自然进行了又一轮新"改良",其后果已经凸显。

进入21世纪,又掀起了一场新的农业技术革命,首当其冲的就是大名鼎鼎的转基因,其次是能源作物的大面积种植。所谓"能源作物"指的是能用来代替石油和煤炭等化石能源,为人类提供新能源的农作物。这些农业革新都需要进行严格的环境影响试验,才可能被允许大面积实施。由于全球气候变化,以及化石能源的枯竭,能源作物的大规模种植已经不可避免。同时,利用农作物生产有机化学材料(以前这些材料大都来自石油,比如塑料)也是未来农业所面临的不可避免的挑战。这些农业革新几乎不可能离开转基因技术的支持。但是由于绿色和平等非政府环保组织的不懈努力,国内公众对转基因普遍持怀疑态度。转基因作物对环境和人类的影响还有待进一步研究。

89. 根据上文,农业的发展,造成了:
   A 湿地的扩大   B 森林的减少
   C 化石能源的枯竭   D 二氧化碳排放量的增加

90. 未来,生产塑料的原材料是:
   A 农作物   B 野生动植物
   C 新化石能源   D 有机化学材料

91. 关于转基因作物,下列哪项正确?
   A 已被大面积种植   B 已成为新能源作物
   C 受到很多人的质疑   D 环保组织十分推崇

92. 下列哪项最适合做上文的标题?
   A 科技改变生活   B 农业的"足迹"
   C 即将到来的新能源时代   D 21世纪,新农业的世纪

93-96.

中国最早的点心已不可考，但至迟在2500年前的《楚辞》里已有记载。《楚辞·招魂》中记录了从主食到菜肴，以及精美点心、酒水饮料等20多个品种的楚地名食。从一些诗歌或历代生活纪录中得知，今日的点心，大部分是由古时的小吃渐渐演变，不断改进而来的，不过当时所用的名称并不是现代人所熟悉的一套。点心的蓬勃发展时期则是从上世纪20年代初才真正开始的。当时满清后人不用工作，终日在饮食场所打发时光，致使酒楼、茶馆数目激增。各大茶馆、酒楼纷纷争奇斗巧，推出不同花样的点心吸引顾客，使得当时的饮食极其繁复精致。

点心虽然不是广东人发明的，却是由广东人发扬光大并传往世界各地的。从清代同治年间开始，广东商人便喜欢聚到茶楼，一边谈生意，一边品尝"一盅两件"（一碗茶和两样点心），这被称为"饮茶"。广州的"二厘馆"（即每位二厘钱）茶楼清末就已存在，这种茶馆一般用粗制绿釉壶泡茶，还供应松糕等价廉物美的"茶点"。广东人对点心有着特殊的感情，就算是到大酒楼吃盛宴，最后都会用几种点心作为漂亮的"闭幕曲"。

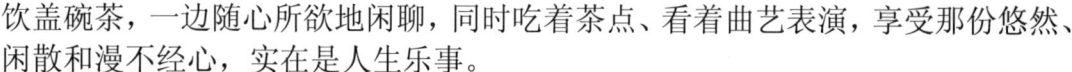

四川人也讲究饮茶，多以吃清茶为主，茶食不多，喜欢在茶馆东拉西扯地"摆龙门阵"。在人来人往的茶馆中一边品饮盖碗茶，一边随心所欲地闲聊，同时吃着茶点、看着曲艺表演，享受那份悠然、闲散和漫不经心，实在是人生乐事。

江南人也有上茶楼吃点心、和朋友小聚的风俗。汪曾祺在《故人往事》中说："摆酒请客，过于隆重。吃早茶则较为简便，所费不多，朋友小聚，洽谈生意，大都是上茶馆；间或也有为了房地纠纷到茶馆来'说事'的，有人居中调解，有人明辨是非，被称为'吃讲茶'。"如此看来，江南的这一习俗与广东人的"饮茶"实在非常接近。

93. 四川人去茶馆主要做什么？
    A 品尝点心   B 打发时光   C 调解纠纷   D 洽谈生意

94. 根据上文，下列说法正确的是：
    A 点心至少已有2500年历史   B 江南的饮茶风俗来源于广东
    C 四川茶馆供应的点心很精致   D "二厘馆"得名于供应两样点心

95. 喜欢在宴席最后安排些点心的是：
    A 满清人   B 广东人   C 四川人   D 江南人

96. 最适合做上文标题的是：
    A 茶馆里的众生相   B 小小点心大用途
    C 点心点缀的多彩人生   D 花样繁多的点心习俗

97-100.

现在很多人为了享受丰厚的积分回馈，办理了许多信用卡、商户积分卡等。现以航空积分为例，谈谈航空联名卡的功能以及最常见的积分误区，以便让大家对航空联名卡积分有所了解。

关于航空联名卡的功能，它除具有一般国际信用卡的功能外，同时还可以通过刷卡消费，累积航空里程积分。联名卡持卡人可通过乘坐相关的航空公司航班，获得里程积分，同时还可以通过使用信用卡消费，将消费积分按一定的兑换比例换算为里程积分，加快里程积分的积累速度和数量。累积的里程达到一定的里程数，持卡人就可获得高昂的航空保险、兑换免费机票、免费升级舱位、免费机场停车、分期付款参加旅游行程、免费使用机场贵宾室等。

一般通过里程兑换免费机票是比较多的，然而一般持卡人对于航空里程兑换机票一直存在着认识上的误区。最常见的误区就是：把航空里程和实际里程混淆。实际上，里程积分和实际里程换算之间有着很大的区别，需要通过换算公式进行换算后才能使用，不同航空公司与不同合作银行之间的换算标准都不同。

实际里程和航空里程的折算比例，主要考虑到票价折扣问题，即折扣越少，航空公司能拿出来的奖励幅度越大，反之则越小。机票的折扣高低与累积里程的数量成反比，接近全价的机票，累积的里程则多；价格折扣越多，累积的里程则越少，这也是航空公司一般对6折以下的票价不予累积里程的原因。

以国航的知音卡积分为例，从北京到上海两地距离约为1088公里，只有按全价标准购买北京到上海的机票，才能获得1088以上标准的航空里程。如果飞机票价是6折到全价（不含），所能积累的积分只能按照1088航空里程的50%获取，即是544航空里程了，而如果是6折（不含）以下票价则不再计算航空里程。

97. 与信用卡相比，航空联名卡有什么特点？
    A 能异地刷卡   B 能刷卡消费
    C 可买到最低折扣的机票   D 可通过消费累积航空里程

98. 通过航空里程兑换机票，最常见的误区是：
    A 积分与实际里程无关   B 各航空公司的标准相同
    C 混淆了航空里程与实际里程 D 航空公司与银行换算标准相同

99. 使用知音卡，不能累积航空里程的是：
    A 全价1000元，售价1000元 B 全价1000元，售价800元
    C 全价1000元，售价600元   D 全价1000元，售价500元

100. 上文主要介绍了：
    A 信用卡的其他用途   B 如何买到折扣高的机票
    C 怎样申请办理航空联名卡 D 航空联名卡的功能及积分误区

三、书写

第 101 题：缩写。

（1）仔细阅读下面这篇文章，时间为 10 分钟，阅读时不能抄写、记录。
（2）10 分钟后，监考收回阅读材料，请你将这篇文章缩写成一篇短文，时间为 35 分钟。
（3）标题自拟。只需复述文章内容，不需加入自己的观点。
（4）字数为 400 左右。
（5）请把作文直接写在答题卡上。

一大早，我跳上一辆出租车，要去郊区一家企业做培训。因为是高峰时刻，没多久车子就堵在车阵中。此时前座的司机开始不耐烦地叹起气来，我随口和他聊："最近生意好吗？""有什么好？到处都不景气，你想我们出租车生意会好吗？每天十几个小时，也赚不到什么钱，真是气人！"

显然这不是个好话题，还是换个话题好了，我想。于是我说："不过还好你的车很大、很宽敞，即便是塞车，也让人觉得很舒服……"他打断了我的话，声音激动了起来："舒服个鬼！不信你每天来坐 12 个小时看看，看你还会不会觉得舒服！"接着他的话匣子开了，抱怨公司，抱怨客人，我只能安静地听，一点儿插嘴的机会也没有。

第二天同一时间，我跳上了另一辆出租车，去郊区同一家企业。然而这一次，经历却迥然不同。一上车，一张笑容可掬的脸庞转了过来，伴随的是轻快、愉悦的声音："您好，请问要去哪里？"真是难得的亲切，我心中有些惊讶，随即告诉了他目的地。他笑着答："好，没问题！"然而没走两步，车子又在车阵中动弹不得了。前座的司机手握方向盘，开始轻松地吹起口哨、哼起歌来，显然今天心情不错。于是我问："看来你今天心情很好嘛。"

他笑得露出了牙齿："我每天都是这样啊，每天心情都很好。""为什么呢？"我问："大家不都说不景气，工作时间长，收入不理想吗？"司机说："没错，我也有家有小孩要养，所以开车时间也跟着拉长为 12 个小时。不过，日子还是过得很开心，我有个秘密……"他停顿了一下："说出来您别笑话我。"

他说："我总是换个角度来想事情。例如，我觉得出来开车，其实是客人付钱请我出来玩。像今天一早，我就碰到您，花钱请我跟您到郊区玩，这不是很好吗？等到了那儿，您去办您的事，我就正好可以顺道欣赏欣赏郊区的景色，抽根烟再走。"他继续说："像前几天我送一对情侣去东湖水库看夕阳，他们下车后，我也下了车，挤在他们旁边看看夕阳才走，反正来都来了嘛，更何况还有人付钱呢？"

我突然意识到自己很幸运，跟这位司机同车出游，真是棒极了。又能坐车，心情又好，这样的服务很难得，我决定跟这位司机要个电话，以便以后有机会再联系他。接过他名片的同时，他的手机铃声正好响起，有位老主顾要去机场，原来喜欢他的不只我一个。相信这位司机的工作态度，不但替他赢到了心情，也给他带来许多生意。

　　经济不景气，心情就更要争气。当我们换一种心态去看待自己的工作，并带着游戏般的愉快心情面对工作时，你会发觉自己的内在能量强大了许多。工作其实是一种伪装，让我有很好的借口及机会，能借着演讲及各种活动，去认识许许多多精彩有趣的人，这不是很过瘾吗？

　　快乐其实是一种习惯，不管大环境怎么变，寻找快乐的决心不能变。

H61002 卷听力材料

（音乐，30秒，渐弱）

大家好！欢迎参加 HSK（六级）考试。
大家好！欢迎参加 HSK（六级）考试。
大家好！欢迎参加 HSK（六级）考试。

HSK（六级）听力考试分三部分，共50题。
请大家注意，听力考试现在开始。

第一部分

第1到15题，请选出与所听内容一致的一项。现在开始第1题：

1. 我整晚都在哄儿子睡觉，哄了无数次，他还是不肯入睡。他再叫"妈妈"的时候，我忍不住了，说："你再叫一声妈妈，我就打你！"于是他安静下来。我刚躺下，便听到他低声说："林太太，可以给我一杯水吗？"

2. 很多人认为不渴就不用补水。专家告诉我们，并不是口渴时才需要喝水，当觉得口渴时，表示身体已经是缺水的状态了，所以正确的喝水方式，就是平常要多补充水分，等口渴才喝，就来不及了。

3. 在电子媒介出现之前，人们主要靠书本传递知识。今天我们很难想象，没有书本，知识将怎样传播。仅靠口耳相传，传播的力度实在太有限了。书本通过印刷，可以大量复制，这就有了知识的传播和思想的交流。

4. 安全性是设计婴儿房时需考虑的重点之一。由于孩子正处于活泼好动、好奇心强的阶段，容易发生意外，在设计时，需处处费心，如在窗户上设护栏，家具都要采用圆弧收边，尽量避免棱角的出现等。

5. 小李出门办事，到了目的地发现没有停车位，只好把车停在马路边。他在玻璃上留了一张纸条，上面写着："我来此办事。"回来的时候，玻璃上多了一张警察的罚单，而且那张纸条下多了一行字："我也是。"

6. 倾听不仅仅表明你很尊重对方，同时也告诉对方，他应该用同样的方式尊重你。除此之外，还表示你在进行思考——因此你给出的答案和建议比起脱口而出的更具说服力。

7. 鸟不但有鲜艳的羽毛，婉转的歌声，还有被誉为"天然艺术品"的巢。有人曾说："人类除了鸟巢之外什么都能制造出来。"可见，这个天然艺术品不但漂亮，而且巧夺天工，是人类建筑构思时取之不尽的创作源泉。

8. 张衡是东汉时期伟大的天文学家、数学家、发明家和诗人，他为中国天文学、地震学、机械技术的发展做出了不可磨灭的贡献。由于他的巨大成就，联合国天文组织将太阳系中的一八零二号小行星命名为"张衡星"。

9. 漫画是一种艺术形式，是用简单而夸张的手法来描绘生活的图画。人们习惯称之为"讽刺画"、"幽默画"或"滑稽画"。它常常批评或歌颂某些人和事，具有较强的社会性，当然也有纯为娱乐的作品。

10. 桂林位于广西东北部，它拥有"甲天下"的山水风光，悠久的历史文化，多彩的民族风情，一流的生态环境和独特的城市风貌。桂林是一个适合人类居住的城市，一个可以满足现代人多元化旅游需求的国际旅游城市。

11. 京剧是一门综合性的表演艺术，因此，京剧演员要具备比较好的自然条件。一个好演员必须要扮相好，身材好，嗓子好，眼睛要富于表情，腰、腿、手指要灵活。任何一个好演员都要经过长期的基本功训练。

12. 北极熊，顾名思义，是生活在北极的熊。它们是名副其实的北极霸主，双掌的力量可以破开冰面，在捕食白鲸时，由冰上向水中扑去时可以一击重创白鲸，除去人类，北极熊并无天敌。

13. 一天，小王和他爱人吵架后，生气地说："带着你的东西走，别回来了。"他爱人哭着跑进房间去，从房间里拿出来一个大袋子说："你进去吧。"小王说："你要做什么？"爱人回答："你也是我的，我当然要带走。"

14. 《西游记》是中国古代一部著名的长篇神话小说。书中最吸引读者的形象是孙悟空，他机智勇敢，本领高强，敢于反抗，深受人们喜爱。这部小说充满了奇特的幻想，表现出丰富的艺术想象力，在中国影响极大。

15. 电影是音乐和绘画的结合。音乐是电影艺术中的一个重要组成部分。很多人喜欢在电影院里看电影是因为想感受声音的刺激。从开始到结束，大量的音乐使情节变得更丰富、更曲折了。

第二部分

第 16 到 30 题，请选出正确答案。现在开始第 16 到 20 题：

第 16 到 20 题是根据下面一段采访：

男：各位网友大家好。今天我们非常荣幸地请到了香港特别行政区环境运输及公务局局长廖女士做客人民网，跟我们谈一谈香港的交通以及环境保护方面的问题。能不能先跟我们介绍一下您所从事的工作？

女：我在香港主管三个领域，一个是环境，第二个是交通运输，第三个是城市基础设施建设。

男：环保也好，交通也好，包括基础设施建设，这些工作都跟经济发展有很密切的关系，但有时，它们之间又好像存在一些矛盾。香港政府从一开始设计这种结构的时候，就将这三个署放在一起是不是有什么想法？

女：所有的国家在发展的过程中，都承认经济发展和环境保护之间有矛盾。例如很多环保的政策，交通方面不同意的话，就会把事情都延误了。我觉得把它们放在一起，就是要解决矛盾，搞好协调和平衡。

男：您做过民间组织，做过企业，现在做公务员。您作为三个署的领导，这肯定是一件很有挑战的工作，您从哪一年开始任这个局的局长，现在有什么体会？

女：我是在二零零二年开始做局长的。由于我是学习环保出身，对环保方面的事了解得比较清楚，对其它两个领域就要花一段时间去了解。总而言之，工作很复杂，很辛苦，但工作成绩很大。

男：香港的地域狭小，人口却非常多，首要问题就是交通问题。好多人去香港，都觉得香港交通管理得好。您能给我们介绍一下，香港的交通是从一个什么样的基本思想出发的？

女：香港交通的总体政策，就是要尽量多地使用公共交通工具，就是鼓励乘坐火车或公共汽车。交通怎么设计呢？第一，把路修好，这是一个基本条件；第二，不鼓励老百姓自己买车，政府对私家车征收重税；第三，就是搞好公共交通的建设和服务，如我们的大巴、小巴、铁路数量很多，很便利，很舒适。

16. 把三方面工作放在一起的主要目的是什么？
17. 关于女的，可以知道什么？
18. 女的怎样评价自己的工作？
19. 外地人觉得香港的交通状况怎么样？
20. 关于香港的交通政策，下列哪项正确？

第21到25题是根据下面一段采访：

女：您一向说您是一个业余作家，您是怎样抽出时间来创作的呢？
男：晚上十点以后，早上八点以前都是我的创作时间。
女：您在白天应酬、工作之后，晚上是怎样进入写作状态的，您晚上休息不了多长时间吧？
男：我大概一天睡四到五个小时。进入写作状态这个问题是慢慢锻炼出来的，就像脑子里有两个阀门，关掉这个，拧开那个，是需要锻炼的。从现实的事务当中、尘嚣当中进入安静的状态，这时脑子里就常有灵感奔涌出来。
女：您是不是写作起来非常地辛苦？
男：非常辛苦，所以我的作品让读者感觉不满意的地方，读者一定要宽容。我一开始就把自己放在文学爱好者的定位上，后来提升为业余作家。我不在文学界谋求任何地位，所以别人一问我，包括媒体问我，为什么这么忙还写小说，我说只有一个目的——就是充实生活。我不太在乎别人对我怎么评价，我觉得这样能稍微让自己过得轻松一些。
女：我们现在这个时代的好小说太少了，是不是时代的悲剧？作家创作源泉会不会干枯呢？
男：现在好的小说少，你可以说是时代的悲剧，也可以说是时代的进化。因为有其他的媒介，比如电脑、电视、电影，这些媒介代替了小说的传输功能，人们有了更多的媒介来作为娱乐途径，在小说兴旺的时候，这些媒介是没有的，或者是不发达的。至于说创作源泉的干枯，我觉得可能和作家的类型有关，有的作家对自己体验生活的依赖太重，对整个社会的深刻认识和判断不足，他把自己经历过的事情和听到过的事情写完以后就写不出东西了，这是常见的情况。
女：你是不是平常很注意观察周围的人，所以很多人说在你的故事里面很容易看到自己的影子？
男：跟绝大多数朋友观察能力差不多，但是我确实会留心观察身边的人和事，有什么体会，有什么想法，可能会表现在我的作品里。

21．男的一天睡多少个小时？
22．男的为什么要写小说？
23．男的认为好的小说少是因为什么？
24．他们主要在谈论什么？
25．关于小说创作，男的看重什么？

第26到30题是根据下面一段采访：

女：大家知道，明年奇瑞会有十五款车子上市，上海车展将会有二十一款车展出。今天我们请到了金弋波先生来和我们谈谈经济危机中的奇瑞。您明年有这么多车子上市，是准备通过树立新的品牌来梳理新的产品线吗？

男：是有这种打算，我们会再树立几个新的品牌，我们会在将来宣布这些品牌构架，我们的高端品牌也将在不久投放市场，它下面有高端产品。这一系列的工作奇瑞都在做。

女：目前全球金融危机形势下，很多企业都在紧缩过冬，奇瑞好像还在扩张啊？

男：像目前这种情况，我们也在想这个"危机"到底是"危"还是"机"？"危"大还是"机"大？
如果讲"危"的话，这个时候是现金为王，首先我们自己的现金流是足够的，银行对我们的支持也很大。前不久我们还跟工行签了三十五亿的信贷资金，与进出口银行又签定了一百个亿的战略合作。我们看的是寒冬后如何更好地发展。面对充满危机的寒冬，有两种思路：一种思路是穿一个棉袄躲起来或者是捂在床上，冬眠；还有一个思路是天冷出去跑步，锻炼身体，等待春天后的爆发，奇瑞有过后一种经验。在二零零四年汽车业曾经出现过的最困难的时候，奇瑞坚持上产品，产品一点儿不少投，"再难都不省研发"，二零零四年的寒冬过去以后，我们一下子就上来了。这次这个金融危机形势下，我们采取的措施还是不断地投产品，并且利用这个时机把组织机构调整好，把市场的思路调整好，包括把员工队伍调整好，这个时候奇瑞采取的是一个攻势，一旦寒冬过去以后，我们可能又站在别人的前面了。所以按照这个思路，我们明年将有十多款车子可以上市。

女：是全新的新车还是包括改款的？

男：全新的。所以我说奇瑞的后劲很大，但是我们可能会根据明年市场的情况，调整一下，不一定会一下上那么多。今年车展我们将在上海展出二十一款车子，这二十一款车子跟过去的展车不一样，是马上都能上市的车子。

26．面对危机，奇瑞是什么思路？
27．男的认为2004年的经历怎么样？
28．关于奇瑞，下列哪项正确？
29．今年上海车展，奇瑞将展出多少款车？
30．这段话主要谈的是什么？

第三部分

第31到50题，请选出正确答案。现在开始第31到33题：

第31到33题是根据下面一段话：

上高中时，学校有一次演讲比赛，班里推选了一位文笔好，但很爱害羞的同学参加。那天，那位同学的表现非常好，并为班里赢得了荣誉。下来时，那位同学找到我问，有没有注意到他在台上浑身发抖。我当时很惊讶地摇头，他握着我的手说，那就好，那就好。我这时才注意到他的腿竟然一直抖个不停。

事实上，很多人不敢当众讲话，是怕说错话被人瞧不起，丢面子。而真实情况是，几乎没有什么人能记住和关心别人丢脸的事，真正在意的只有你自己。因为在任何场合，发言表现的好与不好完全是你自己的事。只要你自己觉得没什么，别人更不会放在心上。但相反，如果你自己过分在意别人的眼光，反而会放大你在别人眼中的缺陷。

31．说话人对什么感到很惊讶？
32．为什么有人不敢当众讲话？
33．说话人有什么建议？

第34到36题是根据下面一段话：

植物主要是靠传播它们的种子或果实来扩大它们的分布区域。能把自己的种子或果实传播得越远，这种植物的后代就能占据越大的"领土"，它也就能在地球上更好地繁衍生息，欣欣向荣。

生长在水中或水边的植物，很自然地，它们要靠水的帮助来传播繁殖体。椰子可算是植物界最出色的水上旅行家了。椰子的果实有排球那么大，果实的外面有层革质外皮，它既不易透水，又能长期浸在又咸又涩的海水里而不被腐蚀；果实的中层有一层厚厚的纤维素，它们质地很轻，充满空气，有了这一层厚纤维，就使整个椰子像穿上了一件救生衣那样漂浮在水面上；内层才是坚硬如骨质的椰壳，保护着"未出世"的下一代。当椰子成熟后，就会从树上掉落下来，如果掉入海中，海潮就能把椰子带到几百公里以外，甚至更远，然后再把它冲上海岸，若是环境适宜，那么，一株幼小的椰子树就会在那儿开始它的独立生活。太平洋有许多珊瑚岛，岛上最初出现的树种往往就是椰子树。

34．植物靠什么来扩大分布领域？
35．椰子的外皮主要起了什么作用？
36．椰子的种子有几层保护？

第 37 到 38 题是根据下面一段话：

电脑会"思考"吗？这取决于你所说的"思考"是指什么了。人们常说，电脑能够解决问题，是因为给它们输入了解决问题的"程序"。它们只能做到人们让它们做的事。然而，我们的"程序"要复杂得多，因此我们也许喜欢用"创造力"一词来界定"思考"的含义。创作伟大的戏剧，谱写伟大的乐章，都需要这种创造力。从这个意义上说，电脑当然不会思考，大多数人也无法做到。

37．在解决问题方面，说话人认为电脑怎么样？
38．这段话主要谈什么？

第 39 到 42 题是根据下面一段话：

有一个农夫，划着小船，给另一个村子的居民运送自己的农产品。他着急地划着小船，希望赶紧送完货物，在天黑前能够赶回家。突然，农夫发现，前面有一只小船向自己快速驶来。眼看就要撞上了，但是那只船丝毫没有退让的意思，好像是有意要撞翻农夫的小船。

"让开，快点儿让开！"农夫生气地向对面的船吼道："再不让开你就要撞上我了！"但是农夫的吼叫完全没有用，尽管农夫手忙脚乱地向旁边躲避，但已经来不及了，那只船还是重重地撞上了他的船。农夫非常生气，抱怨道："你会不会开船？这么宽的河面，你竟然还能撞到我的船上！"农夫突然不说话了，他发现，小船上空无一人。听他严厉指责的竟然只是一只挣脱了绳索、顺河漂流的空船。

39．关于农夫，可以知道什么？
40．农夫看到对面的船后做了什么？
41．关于对面的那只船，下列哪项正确？
42．根据这段话，可以知道什么？

第 43 到 46 题是根据下面一段话：

有道是"男儿有泪不轻弹，只因未到伤心时"。可见，人在悲痛的时候，即使是七尺须眉也难免要哀哭流泪的，那么，从医学的角度来看，哭与健康的关系怎样呢？对此，大多数人也许会认为，哭对健康是不利的。你看，那个《红楼梦》中多愁善感的林黛玉，整天以泪洗面，最后早早夭折了。但是，现在不少科学家提出了哭有益于健康的理论。因为一个人在悲痛时流出的眼泪与伤风感冒或风沙入眼所流的眼泪，所含的化学成分是不同的。在因悲痛而流的眼泪中含有一种能缓解痛苦的物质，可减轻悲痛对健康的伤害。再说，有泪不哭出来，那么眼泪只好沿着鼻腔最后进入胃中，而眼泪中含有的有害物质有可能引起哮喘、胃溃疡、心脏病以及血液循环系统的疾病。

医学家们经过进一步的研究后指出，悲痛时流出的眼泪中蛋白质的含量高，这正是由于压抑而产生的压抑物质，哭泣恰恰把这种压抑物质从体内排出，从而使人体免受不良情绪和有害物质的损害。

43．这段话中的"七尺须眉"指的是什么？
44．说话人举林黛玉的例子主要想说明什么？
45．因悲痛而流的眼泪有什么特点？
46．这段话主要谈什么？

第 47 到 50 题是根据下面一段话：

赞美别人有助于加深友谊，消除误会，还可以让自己分享到快乐。赞美是一件好事，但绝不是一件易事。赞美别人时一定要掌握技巧。

赞美要因人而异，有特点的赞美比一般的赞美能收到更好的效果。老年人总希望别人不忘记他年轻时的成就，同他交谈时，可多称赞他过去的成功；对年轻人不妨稍微夸张地赞扬他的才能和勇气。

赞美应该是符合事实、发自内心的，这是最基本的要求。例如对一个胖女孩说："呀，你多苗条！"还有比这更糟糕的赞美吗？这种赞美不但不会换来好感，反而会使人厌恶。但如果你着眼于她的服饰、谈吐，发现她这些方面的出众之处并真诚地赞美，她一定会高兴地接受。

赞美应从具体的事情入手，赞美用语越具体，说明你对对方越了解，对他的长处和成绩越看重，就会让对方感到你的真挚、亲切和可信。

47．怎样赞美年轻人比较合适？
48．赞美别人，最基本的要求是什么？
49．具体的赞美会让对方觉得怎么样？
50．这段话主要谈什么？

听力考试现在结束。

H61002 卷答案

一、听 力

第一部分

1. C 2. C 3. D 4. B 5. A
6. A 7. D 8. D 9. C 10. D
11. D 12. B 13. C 14. A 15. A

第二部分

16. A 17. C 18. B 19. C 20. B
21. A 22. A 23. D 24. B 25. D
26. C 27. A 28. B 29. D 30. D

第三部分

31. C 32. A 33. D 34. D 35. B
36. C 37. C 38. C 39. B 40. C
41. B 42. D 43. A 44. C 45. A
46. B 47. D 48. B 49. C 50. B

二、阅 读

第一部分

51. A 52. C 53. D 54. A 55. C
56. A 57. B 58. B 59. D 60. D

第二部分

61. D 62. A 63. B 64. B 65. A
66. C 67. A 68. B 69. A 70. C

第三部分

71. D 72. E 73. B 74. A 75. C
76. E 77. C 78. A 79. B 80. D

第四部分

81．B	82．A	83．B	84．D	85．A
86．C	87．C	88．A	89．B	90．A
91．C	92．B	93．B	94．A	95．B
96．D	97．D	98．C	99．D	100．D

三、书 写

101．（略）

新汉语水平考试
HSK（六级）

H61003

注　　意

一、HSK（六级）分三部分：

　　1．听力（50题，约35分钟）

　　2．阅读（50题，50分钟）

　　3．书写（1题，45分钟）

二、听力结束后，有**5**分钟填写答题卡。

三、全部考试约140分钟（含考生填写个人信息时间5分钟）。

中国　北京　　　　　　　　国家汉办/孔子学院总部　编制

一、听 力

第一部分

第1-15题：请选出与所听内容一致的一项。

1. A 心理健康很重要
   B 身体健康最重要
   C 家庭比财富更重要
   D 生命的意义在于事业

2. A 车开得很慢
   B 车上没有乘客
   C 车上没有司机
   D 司机想开快点儿

3. A 他今年33岁
   B 他是位体育明星
   C 他的电影很受欢迎
   D 他是做广告最多的明星

4. A 父亲是儿子的榜样
   B 父母要多和孩子沟通
   C 父亲对儿子要求不高
   D 男孩更需要母亲的照顾

5. A 小李被罚款了
   B 小李今天没开车
   C 小李的事情没办完
   D 小李找到一个停车位

6. A 卧室最好选用黄色
   B 黄色让人轻松愉悦
   C 黄色使空间显得狭小
   D 黄色容易造成消化不良

7. A 早睡早起精神好
   B 睡眠太多对孩子不好
   C 老年人睡眠时间较长
   D 年龄变化会改变睡眠需求

8. A 人际关系很复杂
   B 人们喜欢和别人分享
   C 人际关系好的人不幸福
   D 帮助别人等于帮助自己

9. A 桶里有啤酒
   B 桶里是广告
   C 桶里写着四个字
   D 门口有很多啤酒瓶

10. A 要避免高谈阔论
    B 阅读可以消除寂寞
    C 有经验才能把握整体
    D 人们经常会感到孤独

11. A 机会很重要
    B 性格不是天生的
    C 做事情要精益求精
    D 努力可以弥补笨拙

12. A 中秋节的故事很多
    B 传统节日都很热闹
    C 中秋节是团圆的日子
    D 中秋节的历史并不长

13. A 她继承了很多房产
    B 她一生犯过许多错
    C 她希望花光自己的钱
    D 她不喜欢自己的工作

14. A 基础教育很重要
    B 要多带孩子去旅游
    C 游戏有助于培养创造力
    D 要让孩子自己克服困难

15. A 美丽是天生的
    B 美丽的女人最可爱
    C 女人喜欢可爱的东西
    D 女人因为可爱而美丽

第二部分

第16-30题：请选出正确答案。

16. A 便于解决矛盾
    B 减少工作人员
    C 形成良性竞争
    D 集中发展交通

17. A 在澳门工作过
    B 缺少工作经验
    C 专业是环境保护
    D 对民间组织不熟悉

18. A 很简单
    B 成绩很大
    C 很难适应
    D 非常有趣

19. A 问题很多
    B 道路狭窄
    C 管理得很好
    D 乘车不方便

20. A 提高巴士票价
    B 重视道路修建
    C 鼓励老百姓买车
    D 鼓励市民骑自行车

21. A 专业化
    B 生活化
    C 喜剧化
    D 国际化

22. A 收入丰厚
    B 具有挑战性
    C 擅长表演魔术
    D 让他变得更乐观

23. A 做白领
    B 做主持人
    C 做魔术师
    D 做运动员

24. A 不怕挫折
    B 要实事求是
    C 做自己感兴趣的事
    D 各方面都与别人不一样

25. A 求职很顺利
    B 没有读完大学
    C 认为自己很辛苦
    D 参加了春节联欢晚会

26. A 童话作家
    B 电影导演
    C 经济学家
    D 网络编辑

27. A 多读书
    B 帮助别人
    C 事业上成功
    D 获得别人的肯定

28. A 用自己的钱
    B 呼吁更多人捐款
    C 同时做两种基金会
    D 充分利用自己的知名度

29. A 名声
    B 股票和基金
    C 稿费和作品
    D 经典的影视作品

30. A 从事金融行业
    B 经济状况不太好
    C 有自己的出版社
    D 想办封闭式基金会

第三部分

第 31-50 题：请选出正确答案。

31. A 只有一棵树结果
    B 一棵树被砍掉了
    C 两棵树都伤痕累累
    D 农夫又种了一棵树

32. A 卖掉苹果
    B 提高苹果价格
    C 不准孩子摘苹果
    D 砍掉不结果的树

33. A 付出才有回报
    B 要有合作精神
    C 要及时改正错误
    D 应多听别人的意见

34. A 表示感谢
    B 请求原谅
    C 你长得真漂亮
    D 我们能和睦相处

35. A 对别人要宽容
    B 笑能加深友谊
    C 笑能帮助人渡过难关
    D 困难时才见真正的友谊

36. A 几天后
    B 4 星期后
    C 4 个月后
    D 半年后

37. A 笑的积极作用
    B 笑与健康的关系
    C 怎样提高教学效率
    D 笑对记忆力的影响

38. A 能主动解决
    B 能创造性地解决
    C 只能被动地解决
    D 不可能解决问题

39. A 什么是思考
    B 怎样编写程序
    C 电脑会思考吗
    D 电脑具有的优点

40. A 人们都想成为明星
    B 明星们需要宣传自己
    C 满足了人们的好奇心
    D 记者的影响力越来越大

41. A 工作轻松
    B 缺少社会责任感
    C 成为一些人的偶像
    D 主要追踪电影明星

42. A 名字的由来
    B 存在的意义不大
    C 有时也能赢得尊重
    D 给人们带来了乐趣

43. A 受伤的鲨鱼
    B 对鲨鱼的恐惧
    C 缺乏潜水经验
    D 遇到成群鲨鱼

44. A 寿命短
    B 胆子小
    C 攻击性强
    D 心跳速度快

45. A 保持平静
    B 迅速逃离
    C 大声呼救
    D 主动接触鲨鱼

46. A 坚持就是胜利
    B 凡事要有目标
    C 要坦然面对困境
    D 做事要集中力量

47. A 寻找熟悉的听众
    B 选择点头的听众
    C 选择中间的听众
    D 照顾各个位置的听众

48. A 向听众提问
    B 是否有掌声
    C 用些幽默的话语
    D 观察听众视觉反馈

49. A 使自己放松
    B 巩固自信心
    C 让听众听得到
    D 传递非语言信息

50. A 幽默的作用
    B 如何获取信息
    C 演讲时要注意什么
    D 眼睛是心灵的窗户

二、阅 读

第一部分

第51-60题：请选出有语病的一项。

51. A 梁羽生是公认的新派武侠小说的开山祖师。
    B 牡丹别名木芍药，是花中之王，素有"国色天香"之称。
    C 为了避免今后不再发生类似事故，我们必须尽快健全安全制度。
    D 拉萨的天空总是那么湛蓝、透亮，好像用清水洗过的蓝宝石一样。

52. A 机会总是留给有准备的人，有准备才能及时抓住机会。
    B 他选择了自己喜欢的职业，并成为了这个领域中的专家。
    C 据鉴定，这幅画出自著名画家齐白石之手，有着极高的收藏价值。
    D "地球村"之所以能成为现实，主要出于互联网技术的迅猛发展。

53. A 我总是能从父母得到鼓励和支持。
    B 蜂鸟是世界上已知的最小的鸟类。
    C 《西游记》是在民间流传的唐僧取经故事的基础上写成的。
    D 倾听别人谈话，对我来说是获得某种知识、经验和思想启迪的机会。

54. A 通过这次活动，使我们开阔了眼界，增长了见识。
    B 一提起健身，很多人马上就会想到设施齐全的健身房。
    C 避讳是中国古代社会的一种习俗，也是一种特有的文化现象。
    D 在危险情况下人的嗅觉会变灵敏，并向大脑发出避开危险的"警报"。

55. A 何教授的调查经媒体报道后，引起了社会的广泛关注。
    B 他这个人除了有点固执之外，还有不少让人值得佩服。
    C 医院坐落在小山之上，是一座典型的中国古代园林式建筑。
    D 那里是休闲度假的好地方，更是难得的天然浴场，吸引着大量游客。

56. A 这项工程至少需要10年才能完工。
    B 在年降雨量少于500毫升的地区不能种树，但只能种草。
    C 经验多固然是好事，但如果一个人只靠经验工作，也是不行的。
    D 世界各国的人口寿命数据表明，女性的平均寿命要比男性长7年。

57. A 中国画基本上可以分为三类：人物画、山水画、花鸟画。
    B 河水的来源除了地下水之外，还有雨水也是它的来源之一。
    C 很多人都同意的不见得就是对的，真理往往掌握在少数人手里。
    D 《三字经》自南宋以来，已有700多年历史，可谓家喻户晓，脍炙人口。

58. A 书画鉴定是一门综合学科，要求鉴定家有非常全面的学识和很高的艺术造诣。

    B 面对逆境，是随波逐流，还是奋起抗争？强者懂得支配环境，而弱者往往受制于环境。

    C 有的花在春天盛开，有的花在夏天怒放，只有梅花在寒冬中绽放，凌霜傲雪，香气袭人。

    D 实践表明，一个国家森林的覆盖率达到全国总面积30%以上，或者分布均匀时，就不会发生较大的风沙旱涝等自然灾害。

59. A 我们做事要做到"恰到好处"，任何事情恰到好处才是最好的，过与不及都不好甚至有害。

    B 自古以来，江浙一带就是有名的"才子之乡"，明清两朝一共产生了202名状元，仅苏州地区就有35名。

    C 对于工作繁忙的人来说，时间似乎总是不够，因此如何合理安排、控制时间成为许多人需要学习的内容。

    D 怀疑自己，导致我们内心受挫，总是生活在失败的阴影里；怀疑别人，则让我们缺乏安全感，总是生活在自己假想的危险中。

60. A 地球上的生命有30多亿年的发展史，其中85%以上的时间是在海洋中度过的。

    B 经过长期的实践，中国建筑在运用色彩方面积累了丰富的经验，并形成了南北不同的地域色彩风格。

    C 人的精力是有限的，我们不可能一个人做所有的事，所以作为一个企业领导，必须学会把权力授予适当的人。

    D 南京，古称金陵，已有近2500年的历史。她既有自然山水之胜，又有历史文物之雅，兼具古今文明的园林化城市。

第二部分

第61-70题：选词填空。

61. 植物对室内环境的净化与植物的叶面表面积有_____关系，所以，植株的高低、冠径的大小、绿叶的大小都会影响到净化_____。一般情况下，10平米左右的房间，1.5米高的植物放两盆比较_____。

    A 直接　　效果　　合适　　B 敏感　　成果　　合理
    C 良好　　结果　　理想　　D 复杂　　后果　　正常

62. 挺起胸可以使肺活量增加20%左右，从而有利于促进_____。肺活量增加了，身体各_____获得的氧气便也增加了，这样人就不容易_____。

    A 欣欣向荣　　部门　　疲倦　　B 新陈代谢　　部位　　疲劳
    C 循序渐进　　位置　　镇静　　D 安居乐业　　部分　　压抑

63. 完美主义有益也有害。它可以_____我们对成功的渴望，使我们表现得更加完美；也可能让我们更加_____、害怕失败，甚至小小的不完美也会成为我们无法承受的_____。

    A 推动　　得意　　奇迹　　B 导致　　恐惧　　痛苦
    C 激发　　焦虑　　挫折　　D 传播　　疑惑　　刺激

64. "咬文嚼字"有时是一个坏习惯，所以这个成语的含义_____不是很好。但是在阅读和写作时，我们必须要有一字不肯_____的严谨。文学_____借文字表达思想情感，文字上面有_____，就显得思想还不透彻，情感还不凝练。

    A 通常　　放松　　作品　　含糊
    B 尤其　　饶恕　　著作　　分歧
    C 偶然　　放弃　　理论　　矛盾
    D 经常　　忽略　　题材　　错误

65. 如果没有在部队的自学_____，就没有后来名满天下的二月河。他在21岁时跌入了人生最低谷，又在不惑之年步入巅峰，从超龄留级生到著名作家，其间的机缘转折，似乎有些误打误撞。但二月河不这么_____，他说："人生好比一口大锅，当你走到了锅底时，只要你肯_____，不论朝哪个_____，都是向上的。"

    A 经历　　理解　　努力　　方向
    B 学历　　分析　　加油　　方面
    C 阶段　　认为　　付出　　目标
    D 课程　　思考　　攀登　　范围

66. 电影和城市有密切的依存关系：城市是电影的经济支撑和场地_____，而电影对促进城市旅游、城市文化以及城市和企业的_____有着非常重要的意义。用电影引领城市，可以强化城市文化功能，营造_____的城市文化氛围，提升城市的知名度和美誉度，从而_____城市综合竞争力。

  A 根源 宣布 和平 增添
  B 根据 传达 和蔼 提炼
  C 基础 介绍 和睦 推广
  D 来源 宣传 和谐 增强

67. 随着科学技术的进步，人们可以应用现代科学技术_____生产条件，提高资源的利用_____，还可以_____扩大资源利用的范围，使资源_____更大的作用。

  A 改革 化 持续 发生
  B 改善 率 不断 发挥
  C 改良 性 反复 发动
  D 改进 度 逐渐 发扬

68. 元宵节是中国的传统节日，大部分地区的_____是差不多的。在古代，"元宵灯会"给未婚男女相互认识_____了一个机会。那时候，年轻女孩不允许出外_____活动，但是过节却可以结伴出来游玩。元宵节赏花灯期间，就是男女青年与心爱的人约会的_____。

  A 习俗 提供 自由 时机
  B 风俗 制造 自愿 借口
  C 规矩 创造 痛快 机遇
  D 兴趣 挽回 单独 距离

69. 花样游泳是女子体育项目，原为游泳比赛间歇时的水中_____项目，是游泳、舞蹈和音乐的完美_____，有"水中芭蕾"之称。它是一项艺术性很强的_____的体育运动，但也需要力量和_____，需要多年的_____。

  A 竞赛 配合 优美 速度 培养
  B 表演 结合 优雅 技巧 训练
  C 演出 联合 精致 技能 培训
  D 娱乐 组合 华丽 才干 锻炼

70. 女娲补天的神话_____，但女娲的活动区域却_____。陕西省文物工作者在对女娲庙遗址进行文物调查时发现了三块与女娲_____的石碑，这些石碑与古代书籍相印证，_____了女娲文化的发源地在陕西省平利县。

  A 妇孺皆知 众口一词 关联 论证
  B 尽人皆知 众口难调 相关 更正
  C 家喻户晓 众说纷纭 有关 证实
  D 众所周知 人云亦云 相连 证明

第三部分

第 71-80 题：选句填空。

71-75.

　　一个青年背着一个大包千里迢迢跑来找智者，他说："大师，我是那样的孤独、痛苦和寂寞，长期的跋涉使我苦不堪言。我的鞋子破了，手也受伤了，流血不止，嗓子因为长久的呼喊而沙哑……（71）_____？"

　　大师问："你的大包里装的什么？"青年说："它对我可重要了。里面是我每一次跌倒时的哭泣、每一次受伤后的烦恼、每一次孤寂时的痛苦……（72）_____。"

　　智者带青年来到河边，他们坐船过了河。上岸后，大师说："你扛了船赶路吧。"青年很惊讶："它那么沉，我扛得动吗？" "是的，孩子，你扛不动它。" 智者微微一笑说，"过河时，船是有用的。但过了河，（73）_____。否则，它会变成我们的包袱。孤独、寂寞、眼泪、灾难、痛苦，这些对人生都是有用的，它们能使生命得到升华，但久久不忘，（74）_____。放下它吧，孩子，生命不能负重太多！"

　　青年放下包袱，继续赶路，他发觉自己的步子轻松了许多，比以前快得多，心情也变得愉悦起来。原来，（75）_____。

A 靠着它，我才能走到您这儿来

B 就成了人生的包袱

C 我们就要放下船赶路

D 生命是可以不必如此沉重的

E 为什么我还不能找到心中的阳光

76-80.

狼常到牧场叼羊。牧场主用了整整一个冬季，请猎手围猎狼群，狼患总算解除了。但是过了不久，羊群开始流行疫病，羊大批地死掉，比遭受狼患的损失还大。（76）_____。但是，不知为什么，疫病还是不断地发生，没办法，只好请来一批专家会诊。专家的结论却是去请几只狼来，（77）_____。

原来，狼先前的骚扰，对羊群有着天然的"优生优育"作用。狼的追逐，使羊群常常惊慌奔跑，（78）_____，老弱病残填入狼口，疫病源也就不复存在了。

这个故事，耐人寻味。在生物链中，狼是羊的天敌，没有了狼这个对手，（79）_____。现在，人类之所以保护生物，就是为了不让生物链断掉，换句话说，就是让每种生物都有对手。有对手，保有警惕，便不失活力。这个道理人类亦然。

在人生的漫漫征途中，对手是同行者，也是挑战者，（80）_____，失去对手，我们或许将失去一切。从这个意义上，我们不妨说一声："你好，对手。"

A 羊群就面临着灾难

B 是对手唤起我们挑战的冲动和渴望

C 牧场主又请来医生防疫治病

D 羊群因之格外健壮

E 放回到附近的山里去

第四部分

第 81-100 题：请选出正确答案。

81-84.

你注意到了吗？向日葵的花盘总是跟着太阳转，好像对阳光有特别的感情似的。过去人们一直认为这是植物生长素在起作用，因为生长素分布在花盘和茎部的背阳部分，促进那里的细胞分裂增长，而向阳面的生长相应地慢了，于是植物就弯曲起来，葵花的花盘就这样朝着太阳打转了。

然而，近年来植物生理学家发现，在葵花的花盘基部，向阳和背阳处的生长素分布基本相等。显而易见，葵花向阳就不是植物生长素的作用了。

那么，是什么原因使葵花向阳呢？有人做了实验，在温室里，用冷光（就是日光灯）代替太阳光模拟阳光方向对葵花花盘进行照射。尽管早晨从东方照来，傍晚从西方照来，葵花始终没转动。然而，用火盆代替太阳，并把火光遮挡起来，花盘却会一反常态，不分白天黑夜，也不管东西南北，一个劲儿朝着火盆转动。

由此可见，向日葵花盘的转动并不是由于光线的直接影响，而是由于阳光把向日葵花盘中的管状小花晒热了，基部的纤维会发生收缩，这一收缩就使花盘能主动转换方向来接受阳光。

所以，向日葵还可以称做"向热葵"。

81. 植物学家的发现，说明葵花向阳：
    A 受时间的影响　　　　　　B 与生长素无关
    C 能促进细胞分裂　　　　　D 可以放慢生长速度

82. 实验表明，向日葵花盘转动主要与什么有关？
    A 热量　　　B 阳光　　　C 形状　　　D 天气

83. 关于向日葵，下列哪项正确？
    A 是一种耐寒植物　　　　　B 花盘中有管状小花
    C 生长素分布不均匀　　　　D 花盘转动不受阳光的影响

84. 最适合做上文标题的是：
    A 日光灯的秘密　　　　　　B 神奇的生长素
    C 生命在于运动　　　　　　D 向日葵？向热葵

85-88.

在一个青黄不接的初夏,一只在农家仓库里觅食的老鼠意外地掉进一个盛得半满的米缸里。这意外使老鼠喜出望外,它先是警惕地环顾了一下四周,确定没有危险之后,接下来便是一通猛吃,吃完倒头便睡。

老鼠就这样在米缸里吃了睡,睡了吃。日子在衣食无忧的休闲中过去了。有时,老鼠也曾为是否要跳出米缸进行过思想斗争与痛苦抉择,但终究未能摆脱白花花大米的诱惑。直至有一天它发现米缸见了底,才觉得以米缸现在的高度,自己就是想跳出去,也无能为力了。

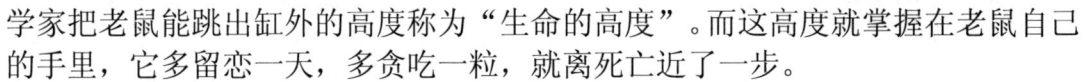

对于老鼠而言,这半缸米就是一块试金石。如果它想全部据为己有,其代价就是自己的生命。因此,管理学家把老鼠能跳出缸外的高度称为"生命的高度"。而这高度就掌握在老鼠自己的手里,它多留恋一天,多贪吃一粒,就离死亡近了一步。

在现实生活中多数人都能做到在明显有危险的地方止步,但是能够清楚地认识潜在的危机,并及时跨越"生命的高度",就没有那么容易了。

比如,员工的培训在公司管理中的重要性,是任何一个公司都明白的道理,但通过本公司内训或外出学习等手段来提高员工尤其是中坚员工的专业素质,毕竟要人力、物力、财力以及时间,并且经常会与公司各项工作有一定的冲突。于是员工培训对于公司来说也就变成了"说起来重要,办起来次要,忙起来不要"的口号,致使许多员工无法系统地接触到新事物、新方法、新观念。其实,公司眼前的利益不就是那半缸米吗?

85. 老鼠为什么喜出望外?
  A 发现没有猫   B 找到了许多大米
  C 找到一个农家仓库   D 没有别的老鼠和它抢米吃

86. 第3段中"试金石"的意思最可能是:
  A 一个教训   B 深刻的道理
  C 很值钱的石头   D 可靠的检验方法

87. 根据上文,公司存在的问题是:
  A 员工缺乏素质   B 忽视对员工的培训
  C 忽视了管理的重要性   D 缺少培训员工的手段

88. 最适合做上文标题的是:
  A 生命的高度   B 幸福的标准
  C 幸运的老鼠   D 慷慨的代价

89-92.

白领福利好、收入高、职位稳定，是令人羡慕的职业。但是令人羡慕的白领也有自己的苦恼，每月刚发完薪水，还完房贷及信用卡，添置些衣物，和同事朋友潇洒一回，一番冲动之后发现这个月的工资又"白领"了。为什么让人艳羡的白领精英会沦落到如此地步呢？这是因为这些白领的财务处于"亚健康"状态，他们之前没有及时地发现自己家庭存在的财务隐患，日积月累容易造成危机的爆发。

统计发现，白领阶层常见的财务隐患有：消费不健康、流动性不健康、家庭保障不健康、收入构成过于单一、获取投资收益的能力不足等。

那么，白领精英如何才能发现家庭财务隐患呢？目前网上的"理财体检服务"针对不同的客户需求推出三种理财体检套餐，分别为标准理财体检套餐、精英理财体检套餐、贵宾理财体检套餐。其中，标准套餐包括 6 项理财指标诊断，可以解决一般家庭的财务诊断需求；精英套餐包括 10 项理财指标诊断，可进一步细致地诊断家庭的财务健康状况；贵宾套餐包括 14 项理财指标诊断，将对客户的家庭财务进行全面的诊断。专家建议一般 3 至 6 个月需要对自己的家庭财务进行一次诊断。另外，当家庭财务出现重大变化时，比如买房、买车等大额支出或奖金收入、项目分成等大额收入，这时也需要对家庭财务重新进行一次理财体检。

89. 根据上文，白领有什么苦恼？
    A 工作非常辛苦　　　　　　　B 福利不怎么样
    C 体检机制不完善　　　　　　D 许多人有财务危机

90. "理财体检服务"有什么特点？
    A 需要提前预约　　　　　　　B 可以免费体验半年
    C 专为公司财务设计　　　　　D 包含多种体检套餐

91. 针对家庭理财，专家的建议是：
    A 要买保险　　　　　　　　　B 要制定消费计划
    C 定期进行财务诊断　　　　　D 在大额支出前咨询专家

92. 关于白领，下列哪项正确？
    A 投资能力不足　　　　　　　B 喜欢网上购物
    C 收入来源较多　　　　　　　D 许多人处于亚健康状态

93-96.

在中国传统礼仪中，怎么坐是一个很重要的内容。最早的时候，没有椅子，人们会客的时候都是跪坐在席子上，两膝着地，臀部坐在小腿肚上，这叫跪坐。虽然不太舒服，可是在正式场合下，必须这样坐，否则就是失礼。

这种坐姿现在看来是很难受的，现代人恐怕少有能坚持这种坐姿半小时以上的。所以，古时候人们必须经过刻苦训练，才能适应这种坐姿。孩子们学的第一堂礼仪课就是跪坐，其意义与新兵入伍时训练军姿很相似。跪坐的训练，除了能磨练孩子的意志，更重要的是可以修身养性。因为再怎么训练，跪坐久了都不舒服，内心就会焦躁不安，所以跪坐训练更是对自身心性内涵的修炼，从而使内心与坐姿和谐统一，这样才能达到完美的跪坐。因此，经过跪坐训练的人们都有挺拔干练的气质，都有严谨坚忍的性格。

到了东汉末年，一种名叫"胡床"的折叠板凳传入中原，第一次改变了人们的坐姿，人们逐渐开始放弃跪坐这种难受的姿势。唐代中期，胡床逐渐演变为人们现在习以为常的有靠背、有扶手、可以让双腿自然垂下的椅子。到了宋朝，这种椅子便广泛地流行起来。

椅子出现以前，人们的坐姿很低，导致家具普遍矮小，椅子出现后，人们的坐姿显然升高了不少，自然而然一些高足家具就陆续开始流行，桌子也应运而生，逐渐成为中国最主要的吃饭、看书所使用的家具。而高足家具的出现，又引起了茶具、碗碟等生活用品的一连串改变。席地而坐时，为了方便饮食，都使用高足餐具，许多杯、碟、碗的底部都有几个支撑的高足。到了宋代，餐具置于高桌上，身体的位置及人的视线都不一样了，很难再看到安装高足的餐具了，碗、盘、杯等食器都变得玲珑精巧。

椅子出现前，由于坐姿、案几的低矮，人们围坐在一桌吃饭很困难，所以，那时一般都是分餐制。椅子和高足桌子的出现，奠定了围坐吃饭的物质基础，人们逐渐开始围坐在一张桌子旁吃饭，直到八仙桌出现，在一张桌子上吃饭已成了习俗，分餐制也就顺理成章地变成了合餐制。

93. 跪坐训练有什么意义？
    A 修身养性　　　　　　　B 方便饮食
    C 强健体魄　　　　　　　D 训练身体协调性

94. 关于"胡床"，下列哪项正确？
    A 使跪坐更舒服　　　　　B 唐代开始流行
    C 是椅子的替代品　　　　D 改变了人们的坐姿

95. 椅子出现后：
    A 开始出现分餐制　　　　B 开始流行席地而坐
    C 高足家具逐渐流行　　　D 人们的阅读量增加了

96. 上文主要介绍的是：
    A 合餐制的由来　　　　　B 中国传统礼仪
    C 中国古代家具　　　　　D 椅子带来的变化

97-100.

一位著名诗人认为,当牛顿用三棱镜把白色光分解成七色光谱时,彩虹那诗歌般的美也就永远一去不复返了。科学居然是如此的冷酷吗?

千百年来,人类超然于自然而存在,我们拥有那么多美丽的传说,拥有那么深刻的对生命的敬畏与神秘感。然而似乎仅仅在一夜之间,我们的遗传秘密大白于天下,你我都成了生物学家眼里"透明的人"。

其实,我们大可不必为自然奥秘的暂时丧失而忧心忡忡。当你看清了挡在眼前的一片叶子,一棵未知的大树将会占据你的视野,而当你了解了这棵大树,眼前出现的又将是一片未知的莽莽丛林。人类对世界的认识就像一个半径不断延伸的圆,随着我们科学知识之圆的拓疆辟壤,我们所接触的未知世界也在不断拓展,它们无疑会激发我们更加丰富的诗意体验和神秘想象!当阿姆斯特朗走出登月舱,迈出他那"个人一小步,人类一大步"的时候,当他怀着满腔喜悦极目远眺,或者以一个全新的视角回望我们的蓝色家园时,那种视觉和心灵的冲击该是何等强烈。

人类应该坚信,当科学家测定了人类基因组的所有序列后,我们对生命的敬畏和神秘感丝毫不会减退。相反,如果虚无的信仰和蒙昧的神秘感可以让我们在无知和麻木中碌碌无为地消磨时光的话,这种虚幻的美丽不要也罢。有些后现代主义者打着人文精神的旗帜反对科学,其实科学精神与人文精神并不矛盾。科学的发展产生过核弹威胁、生态问题,而今又产生了基因恐惧和基因绝望,但这些并不是科学本身造成的,其根源,恰恰是人文精神的匮乏。

97. 作者为什么说你我都成了"透明人"?
　　A 人类基因序列被发现　　B 牛顿发现了七色光谱
　　C 人类交往变得更密切了　　D 科学研究获得了人们的认同

98. 关于未知世界,下列哪项正确?
　　A 秘密越来越少　　B 是一种虚幻的美丽
　　C 会持续激发人类探索精神　　D 会给人类带来虚无和蒙昧

99. 作者认为科学:
　　A 冷酷无情　　B 有诗歌般的美
　　C 是在不断扩展的　　D 让生命失去神秘感

100. 上文主要谈的是:
　　A 自然的奥秘　　B 对科学的认识
　　C 人类基因的秘密　　D 生物学的发展过程

三、书 写

第 101 题：缩写。

（1）仔细阅读下面这篇文章，时间为 10 分钟，阅读时不能抄写、记录。
（2）10 分钟后，监考收回阅读材料，请你将这篇文章缩写成一篇短文，时间为 35 分钟。
（3）标题自拟。只需复述文章内容，不需加入自己的观点。
（4）字数为 400 左右。
（5）请把作文直接写在答题卡上。

　　一天，女儿满腹牢骚地向父亲抱怨起生活的艰难，她说自己不知道该如何应付生活，好像一个问题刚刚解决，新的问题又会出现，她有些厌倦了。
　　父亲是一位著名的厨师。他平静地听完女儿的抱怨后，微微一笑，把女儿带进了厨房。父亲往三个同样大小的锅里倒进了一样多的水，然后将一根胡萝卜放进了第一个锅里，将一个鸡蛋放进了第二个锅里，又将一把咖啡豆放进了第三个锅里，最后他把三个锅放到火力一样大的三个炉子上烧。
　　女儿站在一边，疑惑地望着父亲，弄不清他的用意。
　　20 分钟后，父亲关掉了火，让女儿拿来两个盘子和一个杯子。父亲将煮好的胡萝卜和鸡蛋分别放进了两个盘子里，然后将咖啡豆煮出的咖啡倒进了杯子里。他指着盘子和杯子问女儿："孩子，说说看，你看到了什么？"
　　女儿回答说："还能有什么，当然是胡萝卜、鸡蛋和咖啡了。"
　　父亲说："你不妨碰碰它们，看看有什么变化。"
　　女儿拿起一双筷子碰了碰胡萝卜，发现胡萝卜已经变得很软。她又拿起鸡蛋，感觉到了蛋壳的坚硬。她在桌子上把蛋壳敲破，剥掉后，用手摸了摸里面的蛋白。然后她又端起杯子，喝了一口里面的咖啡。做完这些以后，女儿开始回答父亲的问题："这个盘子里是一根已经变得很软的胡萝卜。那个盘子里是一个壳很硬、蛋白也已经凝固了的鸡蛋。杯子里则是香味浓郁、口感很好的咖啡。"说完，她不解地问父亲，"爸，您为什么要问我这么简单的问题？"
　　父亲看着女儿说："你看见的这三样东西是在一样大的锅里、一样多的水里、一样大的火上用一样长的时间煮过的，可它们的反应却迥然不同。胡萝卜生的时候是硬的，煮完后却变得那么软，甚至都快烂了。生鸡蛋是那样的脆弱，蛋壳一碰就会碎，可是煮过后连蛋白都变硬了。咖啡豆没煮之前是很硬的，虽然煮了一会儿就变软了，但它的香气和味道却溶进水里，变成了可口的咖啡。"
　　父亲说完之后接着问女儿："你像它们中的哪一个？"
　　现在，女儿更是有些摸不着头脑了，只是怔怔地看着父亲，不知如何回答。
　　父亲接着说："这三种东西其实代表了不同的人在困境中的不同表现。在困境中，有的人被打败；有的人通过磨练变得坚强；有的人则适应了环境，并改变了环境。在生活的压力下，我们应该像鸡蛋那样变得坚强起来，或者是像咖啡豆那样，融入环境，改变环境。既然生活的压力，我们无处躲闪，就应该勇敢地去面对，只有经过痛苦的羽化，才能变成美丽的蝴蝶。不管生活是多么艰难，我们都不应该一味地抱怨，要靠自己的努力，使自己变得坚强，来改变现状并获得幸福。"

H61003 卷听力材料

（音乐，30秒，渐弱）

大家好！欢迎参加 HSK（六级）考试。
大家好！欢迎参加 HSK（六级）考试。
大家好！欢迎参加 HSK（六级）考试。

HSK（六级）听力考试分三部分，共50题。
请大家注意，听力考试现在开始。

第一部分

第1到15题，请选出与所听内容一致的一项。现在开始第1题：

1. 一个人的身体健康是一，而财富、感情、事业、家庭等都是一后面的零，只有依附于这个一，零才会有意义，如果没了这个一，一切都将不存在。因此人生最重要的是要有一个健康的身体。

2. 一辆载满乘客的公共汽车沿着下坡路快速前进，一个人在后面紧紧地追赶这辆车。一个乘客从车窗中伸出头来对他喊："老兄！算啦，你追不上的！""我必须追上它，"这人气喘吁吁地说，"我是这辆车的司机！"

3. 尽管一年多没唱歌，接连几部影视作品的票房收入也不佳，但这丝毫不影响这位明星的广告价值。据统计，他目前做的广告多达三十三个，打破了明星做广告的记录。

4. 父亲是儿子的第一个男子汉榜样。男孩对男性的认识是从父亲开始的。从父亲身上，儿子学习如何举手投足，待人接物，关爱女性。父亲很容易从儿子身上发现自己的影子，儿子也会发现自己越来越像父亲。

5. 小李出门办事，到了目的地发现没有停车位，只好把车停在马路边。他在玻璃上留了一张纸条，上面写着："我来此办事。"回来的时候，玻璃上多了一张警察的罚单，而且那张纸条下多了一行字："我也是。"

6. 黄色不仅能刺激人的消化系统，还有益于加强人的行动力。所以在家居设计中，厨房常用暖黄色，这样不仅让整个空间显得明朗开阔，还带来一种舒适松弛的氛围，让人充分享受烹饪美食的乐趣。

7. 不同年龄段的人对睡眠的需求不一样。婴儿除了吃奶就是睡觉，睡眠时间可能是十几甚至二十多个小时。随着年龄的增长，睡眠时间不断缩短，到了成年，对大多数人来说，六到八个小时就够了。

8. 人际关系好的人几乎都有些共同的特点，比如总是热心助人，愿意跟别人分享，这使得他们一直被别人喜爱。"自私的行为引来众人排斥，助人的行为得到众人帮助"，可以说是处理人际关系的重要法则之一。

9. 有一家餐饮店在门口摆了一个很大的啤酒桶，上面写着"不可偷看"四个大字。路过的行人很好奇，走过来弯下腰把脑袋伸到桶里探个究竟。桶里写着"我店啤酒，与众不同，五元一杯，请您品尝"。

10. 孤独寂寞时，阅读可以消遣；高谈阔论时，知识可供装饰；处世行事时，正确运用知识意味着才干，有实际经验的人虽然能够处理个别性的事物，但若要把握整体，规划全局，却唯有学识才能办到。

11. "笨鸟先飞"这个成语指笨拙的人应该早做准备，及早把想法付诸实践，就能比那些自认为聪明的人先到达目的地。即便先天条件有限，但是通过后天的努力，仍然可以达到预定的目的。

12. 每年农历八月十五日是中国传统的中秋佳节，这时正好处于秋季的中期，所以被称为中秋。中秋节又称"团圆节"，这一天人们仰望明月，期盼家人团聚。远在他乡的游子，也借此寄托对故乡和亲人的思念之情。

13. "我最大的错误，是没有花光所有的钱。"林海音把工作赚来的钱换成了二十多套房子。六十五岁时，她决定去云游四海。每当钱花光了，她就卖掉一套房子，八十二岁去世时，还留有数套房子，于是留下上述遗言。

14. 孩子需要"游戏的童年"，因为自由地玩耍有助于培养他们的社交能力、创造力，还能帮助他们在以后的人生岁月中应对挫折、克服困难。现在，玩耍正从许多孩子的童年中缺席，这不利于孩子的成长。

15. 都说女人不是因为美丽而可爱，而是因为可爱而美丽。不知道从什么时候起大家都喜欢夸奖女性"可爱"了。但是，有些女性认为，夸她"可爱"就意味着你认为她不够漂亮，所以，赞美女性的时候可要注意了。

第二部分

第 16 到 30 题，请选出正确答案。现在开始第 16 到 20 题：

第 16 到 20 题是根据下面一段采访：

男：各位网友大家好。今天我们非常荣幸地请到了香港特别行政区环境运输及公务局局长廖女士做客人民网，跟我们谈一谈香港的交通以及环境保护方面的问题。能不能先跟我们介绍一下您所从事的工作？

女：我在香港主管三个领域，一个是环境，第二个是交通运输，第三个是城市基础设施建设。

男：环保也好，交通也好，包括基础设施建设，这些工作都跟经济发展有很密切的关系，但有时，它们之间又好像存在一些矛盾。香港政府从一开始设计这种结构的时候，就将这三个署放在一起是不是有什么想法？

女：所有的国家在发展的过程中，都承认经济发展和环境保护之间有矛盾。例如很多环保的政策，交通方面不同意的话，就会把事情都延误了。我觉得把它们放在一起，就是要解决矛盾，搞好协调和平衡。

男：您做过民间组织，做过企业，现在做公务员。您作为三个署的领导，这肯定是一件很有挑战的工作，您从哪一年开始任这个局的局长，现在有什么体会？

女：我是在二零零二年开始做局长的。由于我是学习环保出身，对环保方面的事了解得比较清楚，对其它两个领域就要花一段时间去了解。总而言之，工作很复杂，很辛苦，但工作成绩很大。

男：香港的地域狭小，人口却非常多，首要问题就是交通问题。好多人去香港，都觉得香港交通管理得好。您能给我们介绍一下，香港的交通是从一个什么样的基本思想出发的？

女：香港交通的总体政策，就是要尽量多地使用公共交通工具，就是鼓励乘坐火车或公共汽车。交通怎么设计呢？第一，把路修好，这是一个基本条件；第二，不鼓励老百姓自己买车，政府对私家车征收重税；第三，就是搞好公共交通的建设和服务，如我们的大巴、小巴、铁路数量很多，很便利，很舒适。

16．把三方面工作放在一起的主要目的是什么？
17．关于女的，可以知道什么？
18．女的怎样评价自己的工作？
19．外地人觉得香港的交通状况怎么样？
20．关于香港的交通政策，下列哪项正确？

第 21 到 25 题是根据下面一段采访：

女：二零零九年中央电视台春节联欢晚会上，一位来自台湾名叫刘谦的年轻魔术师让人们在镜头前近距离地见证了奇迹的发生，他不仅成为这次春晚上最受关注的表演者之一，更在二零零九年掀起了一股魔术热，越来越多的人喜欢上了这种近距离魔术。今天我们有幸跟刘谦面对面交流，刘先生您好。在您眼里，魔术是什么样的呢？

男：我个人觉得，其实现代的魔术它应该更生活化，就是魔术师穿的衣服是跟正常人一样，讲的话跟正常人一样，用东西也跟正常人一样，在这种情况之下，还有魔术在眼前发生，那样才叫真正的魔术，这才是真正的震撼的魔术。

女：您从小就喜欢表演魔术吗？为什么喜欢呢？

男：我记得第一次表演魔术时我七岁，看到观众惊喜的反应让我感到无比的快乐，也正是这样建立起了自己对于变魔术的自信。一九八八年，也就是我十二岁的时候，见到了自己的偶像著名魔术大师大卫·科波菲尔，并从他的手中接过了全台湾少儿魔术大赛的冠军奖项。可以说如果那时候我没有获奖的话，说不定现在我早就远离魔术很久了，因为从小我其实没什么值得骄傲的地方，十二岁那一次获奖，让我第一次感觉到，原来有一件事情是我做起来还不错的，比别人好的。

女：得到别人的承认？

男：对，而且是努力就会有收获这件事情，是我在十二岁那一年第一次切身感受到的，努力跟收获的这件事情，对我来讲是有非常大、非常大的影响。

女：这么说，您从小的理想就是当魔术师吗？

男：不是，虽然我喜欢魔术，但一开始我并没有打算把魔术当成自己的职业，我的理想是成为工作稳定、收入丰厚的白领。

女：那后来您是怎样走上魔术表演这条路的呢？

男：大学毕业后屡屡碰壁的求职经历让我终于又回到了自己擅长的魔术轨道。因为我认为一旦决定我要做这个行业，我一定要做到顶尖。而且我相信，如果你要做到顶尖，你就必须要跟别人不一样，不光是你做的事情要不一样，你的想法、你的观念、你的基础、你的态度都要完全不一样，你才可以做到顶尖，否则你就会变成跟一般人一样。

21．男的认为魔术应该怎么样？
22．男的为什么选择做魔术师？
23．男的最初的理想是什么？
24．男的认为怎样才能做到最好？
25．关于男的，可以知道什么？

第 26 到 30 题是根据下面一段采访：

女：欢迎"童话大王"郑渊洁。您好，恭喜您今年晋升为中国作家首富，去年汶川大地震，您是作家中捐得最多的。您如何看待作家在特殊情况下的捐款行为？

男：其实不在于捐钱多少，只要有这个心就行了，有力出力，有钱出钱。以前得过好多别的奖，都没有幸福感，只是高兴，只有成就感。去年十二月，国家给了我一个"中华慈善奖"。我当时有一个感觉：领这个奖感觉非常好。我觉得一个人要想真正获得幸福，只有一个渠道，就是帮助别人。你住着别墅，开着宝马，你也不幸福，这是我的体会。

女：有没有计划将来办一个慈善机构，在更广泛的范围内帮助人？

男：目前有两种基金会。一种是封闭式的，我只用自己的钱，不要别人捐钱，我要干这种。一种是开放的，用别人的，自己不掏，靠自己的名气。这个也好。

女：《皮皮鲁总动员》近两年的销售情况都非常好，仅二零零九年二月，就销售出一百多万册。您觉得自己作品热销的原因是什么？

男：我觉得可能和两个原因有关，一个是经济危机，一个是甲流，很多孩子周末和暑假原本是要出去玩儿的，包括我的孩子，后来都取消了。不出去以后，很多家长就去书店买书，我估计可能跟这个有关系。

女：您能给我们谈谈自己是怎样成为富人的吗？您的财富观是什么样的呢？

男：我爸是山西人，我妈是浙江人，他们的结合就是钱庄和票号的结合，我的血液里就有理财的东西。对作家来说财富其实是两笔，一笔是稿费，一笔是作品。作品是无形资产，比稿费厉害得多，是真正的摇钱树。这个摇钱树将来还可以派生出很多产品，影视、网络之类。说到稿费这一块儿，我觉得我可能名声不好，给人的感觉是老跟出版社谈钱。我觉得，作家还是要维护自己的利益。如果自己的衣食住行都解决了，就要尽可能地帮助别人，做慈善事业。

26. 男的是做什么的？
27. 男的觉得怎样才能获得幸福？
28. 如果设立基金会，男的希望怎么样？
29. 男的认为自己的财富是什么？
30. 关于男的，下列哪项正确？

第三部分

第 31 到 50 题，请选出正确答案。现在开始第 31 到 33 题：

第 31 到 33 题是根据下面一段话：

一个农夫栽了两棵苹果树，到了秋天，两棵树都硕果累累。在农夫孩子们的欢声笑语中，两棵树被弄得枝折叶落，伤痕累累。

第二年秋天，农夫和孩子们发现，只有一棵树上果实累累，而另一棵上一个苹果也没有。

农夫和孩子们这回很小心地采摘苹果，可也弄得这棵结果的树折了不少枝叶，而另一棵没结果的则丝毫无损。

不结果的苹果树得意地说："多亏我明智，才保全了自己。"结果的苹果树说："多亏了农夫的精心照料，我才能长大成材，能给他们带来快乐，即使受点损失，我也很高兴。"不结果的苹果树叹道："真愚蠢，连爱护自己都学不会！"

第三年秋天，相同的事情又发生了。农夫想，反正这棵苹果树不会结果，砍了做柴烧算了。于是砍倒了那棵不结果的苹果树。

31．第二年发生了什么事？
32．最后农夫的决定是什么？
33．这个故事主要想告诉我们什么？

第 34 到 37 题是根据下面一段话：

无论身在何处，微笑都能传递这样的信息：我很友好，我们能和睦相处。有人曾说过："只要能笑，什么都能挺过来。"欢笑能让我们与失败保持距离。

笑作为一种不由自主的情绪反应，在婴儿出生后四个月就开始了。随着科学研究的深入，笑使身心更健康这一功能，也更明确了。笑能加速心跳，增加对大脑的供氧量，提高大脑的工作效率。笑的人常常都有好心情，因为面部肌肉的各种变化，会在大脑中引发各种有积极意义的情感信号。

有趣的故事能帮助儿童记忆，如果老师能以令人愉悦的方式授课，学生会学得更好。

34．根据这段话，微笑传递了什么信息？
35．" 只要能笑，什么都能挺过来 " 主要是什么意思？
36．婴儿出生后多久开始会笑？
37．这段话主要谈什么？

第 38 到 39 题是根据下面一段话：

电脑会"思考"吗？这取决于你所说的"思考"是指什么了。人们常说，电脑能够解决问题，是因为给它们输入了解决问题的"程序"。它们只能做到人们让它们做的事。然而，我们的"程序"要复杂得多，因此我们也许喜欢用"创造力"一词来界定"思考"的含义。创作伟大的戏剧，谱写伟大的乐章，都需要这种创造力。从这个意义上说，电脑当然不会思考，大多数人也无法做到。

38．在解决问题方面，说话人认为电脑怎么样？
39．这段话主要谈什么？

第 40 到 42 题是根据下面一段话：

起初"狗仔队"的名声并不坏，它从意大利语翻译而来，原译为"追踪摄影队"，意思是"一种不怕风吹雨打、勇于刻苦挖掘鲜为人知之事的、略带执著不屈精神的人"。

从某种意义上说，"狗仔队"的诞生顺应了历史潮流。二十世纪五十年代，名人开始被偶像化，一些政商名流、演艺明星成为公众崇拜的对象。但人们好奇的是，镁光灯后的明星要不要上厕所，会不会谈恋爱？来自四面八方的窥私欲，就这样把"追踪摄影队"推上了历史舞台。

大概"狗仔队"三个字一闻就是臭的。他们的镜头里，你看不到什么美丽的事物。看客们绝对无法认同他们记者的身份，很多社会记者用暗访的方式报道真相赢得了尊敬，但是当"狗仔队"用偷偷摸摸的方式报道真相，我们脑海里往往会浮现出一副丑陋的嘴脸，因为他们的真相没有让人看到社会责任的存在。

如果没有"狗仔队"，你就不会知道明星们都出入什么场所，哪对明星在谈恋爱等等。总之，你的生活会少很多乐趣。但，也仅此而已。

40．为什么说"狗仔队"的诞生顺应了历史潮流？
41．关于"狗仔队"，下列哪项正确？
42．这段话主要想说明"狗仔队"的什么？

第 43 到 46 题是根据下面一段话：

鲨鱼的攻击性极强，只要被鲨鱼发现，很少有人能够逃生。不过，奇怪的是，有位海洋生物学家对鲨鱼研究多年，经常穿着潜水衣游到鲨鱼的身边，与鲨鱼近距离接触，可鲨鱼好像并不介意他的存在。他说："鲨鱼其实并不可怕，可怕的是你一见到鲨鱼，自己就先害怕了。"

的确如此。人在遇到鲨鱼时，心跳就会加速，正是那快速跳动的心脏引起了鲨鱼的注意。鲨鱼就是从那快速跳动的心脏在水中的感应波发现猎物的。如果在鲨鱼面前，你能够心情坦然，毫不惊慌，那么鲨鱼对你就不构成任何威胁，哪怕它不小心触到了你的身体，也不会做任何侵犯。反之，如果你一见到鲨鱼就吓得浑身发抖，尖声惊叫，只想快点逃命，那么你注定会成为鲨鱼的一顿美餐。

看似凶险的东西，只要坦然地面对，有条有理地处理，最终都可以解决。有时，困住我们的只是我们自己。

43．那位海洋生物学家认为什么更可怕？
44．关于鲨鱼，下列哪项正确？
45．遇到鲨鱼时，应该怎样保护自己？
46．下列哪项是说话人的观点？

第 47 到 50 题是根据下面一段话：

目光接触是连结演讲者与听众的纽带。如何有效地使用你的眼睛呢？

首先，与听众建立起一种个人之间的联系。听众不多时，可以先挑选一个人，演讲时对着他讲话。与其保持足够长时间的目光接触，以建立起一种视觉联系。这段时间往往相当于一句话或一种想法所占用的时间。然后，再把目光移向另外一个人。但是如果你面对成百上千听众演说，那么这一办法行不通。你可以在听众席的不同位置挑选一两位观众并与他们建立起个人之间的联系。这样每一位听众都会觉得你在直接与他交谈。

其次，要观察视觉反馈。当你在演讲时，你的听众也在用他们的非语言信息做出反应。如果大家都不朝你看，那么他们可能没在听你的演讲。原因可能是：他们也许听不到你的声音，解决的办法是：如果你没有用话筒，那么声音要放大一些，并看看这是否有效。他们也许感到厌烦了，解决的办法是：用些幽默的话语，声音多点抑扬顿挫等等。另一方面，如果听众脸上显露出快乐、兴趣和关注，那么什么也不要改变。你做得很棒！

47．听众多时，怎样选择目光交流对象？
48．怎样判断听众是否在听你的演讲？
49．把话筒声音放大一些的目的是什么？
50．这段话主要谈什么？

听力考试现在结束。

H61003 卷答案

一、听 力

第一部分

1. B	2. C	3. D	4. A	5. A
6. B	7. D	8. D	9. B	10. B
11. D	12. C	13. C	14. C	15. D

第二部分

16. A	17. C	18. B	19. C	20. B
21. B	22. C	23. A	24. D	25. D
26. A	27. B	28. A	29. C	30. D

第三部分

31. A	32. D	33. A	34. D	35. C
36. C	37. A	38. C	39. A	40. C
41. B	42. B	43. B	44. C	45. A
46. C	47. D	48. D	49. C	50. C

二、阅 读

第一部分

51. C	52. D	53. A	54. A	55. B
56. B	57. B	58. D	59. D	60. D

第二部分

61. A	62. B	63. C	64. A	65. A
66. D	67. B	68. A	69. B	70. C

第三部分

71. E	72. A	73. C	74. B	75. D
76. C	77. E	78. D	79. A	80. B

第四部分

81．B	82．A	83．B	84．D	85．B
86．D	87．B	88．A	89．D	90．D
91．C	92．A	93．A	94．D	95．C
96．D	97．A	98．C	99．C	100．B

三、书 写

101．（略）

新汉语水平考试
HSK（六级）

H61004

注　　意

一、HSK（六级）分三部分：

　　1. 听力（50题，约35分钟）

　　2. 阅读（50题，50分钟）

　　3. 书写（1题，45分钟）

二、听力结束后，有**5**分钟填写答题卡。

三、全部考试约140分钟（含考生填写个人信息时间5分钟）。

中国　北京　　　　　　　　　国家汉办/孔子学院总部　编制

一、听 力

第一部分

第1-15题：请选出与所听内容一致的一项。

1. **A** 手术很成功
   B 病人很放松
   C 大夫经验丰富
   D 病人是第一次做手术

2. **A** 有得必有失
   B 坚持就是胜利
   C 出了错要及早补救
   D 做事情前要制定详细计划

3. **A** 工作态度很重要
   B 要重视对员工的培养
   C 能胜任工作的人并不多
   D 肯干是合格员工的基本标准

4. **A** 不要劝别人戒酒
   B 外婆讨厌酗酒的人
   C 外婆善于与人相处
   D 孤独让外婆变得忧郁

5. **A** 小孩在说谎
   B 中年男子搞错了
   C 小孩的爸爸不在家
   D 小孩在自己家门口玩儿

6. **A** 没有人什么都懂
   B 知识来源于勤奋
   C 不同领域的知识是相通的
   D 科学与艺术的差别非常大

7. **A** 饮茶有益健康
   B 胖人不宜喝茶
   C 茶应该在饭后喝
   D 很多人忽视了茶的作用

8. **A** 高速公路上事故多
   B 矛盾是不可避免的
   C 保持距离才能人际和谐
   D 高速公路上要控制车速

9. **A** 那些地图非常简略
   B 那些地图是汉代的
   C 那些地图上没有河流
   D 那些地图是在广西发现的

10. **A** 雾天飞机不能起降
    B 大雾不利于部队作战
    C 天气条件影响军事活动
    D 现在天气预报更准确了

11. **A** 人才需要领导能力
    B 团队内部要保持竞争
    C 团队成员允许各有特点
    D 团队中需要放弃个人兴趣

12. **A** 齿鲸有须有齿
    B 鲸鱼的视力不好
    C 鲸鱼更喜欢淡水
    D 通常把鲸鱼分为三类

13. A 她继承了很多房产
    B 她一生犯过许多错
    C 她希望花光自己的钱
    D 她不喜欢自己的工作

14. A 基础教育很重要
    B 要多带孩子去旅游
    C 游戏有助于培养创造力
    D 要让孩子自己克服困难

15. A 美丽是天生的
    B 美丽的女人最可爱
    C 女人喜欢可爱的东西
    D 女人因为可爱而美丽

第二部分

第 16-30 题：请选出正确答案。

16. A 创建一所大学
    B 辞去大学的工作
    C 筹划自己的公司
    D 创建微软中国研究院

17. A 生产
    B 投资
    C 房地产
    D 教育培训

18. A 成功概率很大
    B 需要大量资金
    C 可以促进世界和平
    D 对他而言是全新的

19. A 创业经验
    B 宣传渠道
    C 先进的技术
    D 优厚的待遇

20. A 明天更美好
    B 世界因我而不同
    C 地球缺了谁都照样转
    D 青年人要有创业精神

21. A 专业化
    B 生活化
    C 喜剧化
    D 国际化

22. A 收入丰厚
    B 具有挑战性
    C 擅长表演魔术
    D 让他变得更乐观

23. A 做白领
    B 做主持人
    C 做魔术师
    D 做运动员

24. A 不怕挫折
    B 要实事求是
    C 做自己感兴趣的事
    D 各方面都与别人不一样

25. A 求职很顺利
    B 没有读完大学
    C 认为自己很辛苦
    D 参加了春节联欢晚会

26. A 故乡
    B 民间文化
    C 文人文化
    D 在北京、天津的经历

27. A 让作品继承传统
    B 让作品更贴近现实
    C 激发作家的想象力
    D 让作家具有不同的风格

28. A 网络文学读者众多
    B 出现了许多年轻作者
    C 那些年轻作者很有才华
    D 网络文学的语言具有跳跃性

29. A 是网络作家
    B 认同网络文学
    C 创作数量很少
    D 在出版社工作

30. A 没有生命力
    B 只适合青少年
    C 影响了自己的创作
    D 和自己风格完全不同

第三部分

第 31-50 题：请选出正确答案。

31. A 马病死了
    B 主人不卖马
    C 带的钱不够
    D 找不到千里马

32. A 很欣赏大臣
    B 觉得大臣被骗了
    C 责怪大臣去得晚了
    D 很生气，认为不值得

33. A 要学会等待
    B 钱不是万能的
    C 一分价钱一分货
    D 要用行动证明诚心

34. A 越早越好
    B 睡觉之前
    C 上午10点到下午3点之间
    D 上午10点和下午3点左右

35. A 下午茶
    B 饭后吃零食
    C 饭后喝一杯茶
    D 早上喝红茶或咖啡

36. A 多吃水果
    B 要慢慢地吃
    C 不宜吃蛋糕
    D 热量不能太高

37. A 两餐间适合吃零食
    B 多数人赞同吃零食
    C 广东人不喜欢吃零食
    D 吃零食会降低工作效率

38. A 小时候个子很矮
    B 成为了经济学专家
    C 有打乒乓球的天分
    D 一直坚持打乒乓球

39. A 不能以貌取人
    B 要做适合自己的事
    C 要重视平时的积累
    D 努力比天分更重要

40. A 没有前途
    B 没有尊严
    C 缺乏激情
    D 干劲十足

41. A 不要急于求成
    B 工作娱乐两不误
    C 重视对家庭的责任
    D 处理好与同事的关系

42. A 是浪费时间
    B 可以获得成就感
    C 会给自己带来麻烦
    D 可以改善工作环境

43. A 脚的反应更灵敏
    B 人们重视脚的反应
    C 脚更能表达愉悦的心情
    D 人们很少有意识地控制脚

44. A 通常是不自觉的
    B 女性脚部动作较多
    C 可以反映健康状况
    D 脚尖转动表示很高兴

45. A 情绪高涨
    B 态度强硬
    C 内心平静
    D 注意力不集中

46. A 脚的保健
    B 谈话的礼仪
    C 怎样调节情绪
    D 脚暴露的信息

47. A 钱不能强求
    B 人人都喜欢钱
    C 钱有自己的气质
    D 钱能使人获得更大自由

48. A 要守信用
    B 不断积累财富
    C 掌握一技之长
    D 保持积极的心态

49. A 要乐于分享
    B 钱多未必好
    C 要避免财务危机
    D 交换才能创造财富

50. A 怎样理财
    B 如何提高竞争力
    C 如何"吸引"钱
    D 怎样变得更有气质

二、阅 读

第一部分

第51-60题：请选出有语病的一项。

51. A 那就是我的理由为什么我想提拔他。
    B 电脑的发明给人们的生活带来了很大的便利。
    C 直到今天，人类还不完全清楚恐龙灭亡的原因。
    D 现代社会交通是衡量一个城市甚至一个国家发达程度的重要标准。

52. A 树木不但能提供氧气，而且是造纸的原料。
    B 桔子、苹果、香蕉等水果含有丰富的维生素。
    C 电影的发明，让人们第一次可以真实地实现活动的生活场景。
    D 长期从事一种工作会让人感到无聊，而无聊会让身体感到疲惫。

53. A 认真倾听对方的话是交谈时最基本的礼貌。
    B 语言的使用，促进了人类的思维，使得大脑更加发达。
    C 在人类所患的各种疾病中，再没有比感冒更常见的了。
    D 自古以来，中国就是一个崇尚玉器的国家，对玉有着特殊的情感。

54. A 以海洋资源为依托的海洋产业具有广阔的市场前景。
    B 多年来，京郊旅游一直在北京旅游业中占有重要地位。
    C 那种拔苗助长式的教育方式必会造成对孩子身体和心灵的双重伤害。
    D 他的见解独到而且深刻，常应邀到许多高校发表演讲，深受学生欢迎。

55. A 台风给沿海居民的生活造成了很大的损失严重。
    B 语文学习不是一朝一夕的事，只有多读多写，才能真正学好语文。
    C 因为第一印象是最初的感觉，所以新鲜，引人注目，也容易记住。
    D 生命不是一场赛跑而是一次旅行。比赛在乎终点，而旅行在乎沿途风景。

56. A 这项工程至少需要10年才能完工。
    B 在年降雨量少于500毫升的地区不能种树，但只能种草。
    C 经验多固然是好事，但如果一个人只靠经验工作，也是不行的。
    D 世界各国的人口寿命数据表明，女性的平均寿命要比男性长7年。

57. A 作为一名军人的妻子，她多年来一直默默地支持他的工作。
    B 十位评论家对一本书的赞扬，都比不过一位书店老板对这本书的欣赏。
    C 这座桥修建于公元612年至618年，到现在已有快1400多年的历史了。
    D 烧鱼时放一点儿醋，可以去腥。有些菜加醋后，更有风味，能增进食欲。

58. A 书画鉴定是一门综合学科，要求鉴定家有非常全面的学识和很高的艺术造诣。

    B 面对逆境，是随波逐流，还是奋起抗争？强者懂得支配环境，而弱者往往受制于环境。

    C 有的花在春天盛开，有的花在夏天怒放，只有梅花在寒冬中绽放，凌霜傲雪，香气袭人。

    D 实践表明，一个国家森林的覆盖率达到全国总面积30%以上，或者分布均匀时，就不会发生较大的风沙旱涝等自然灾害。

59. A 丝绸之路的开辟，有力地促进了东西方经济、文化等各方面的交流与合作。

    B 景泰蓝是"燕京八绝"之一，由于它的釉料颜色以蓝色为主，并且最初兴盛于明景泰年间，故称为景泰蓝。

    C 《富春山居图》是元朝画家黄公望的作品，以浙江富春江为背景，墨色浓淡干湿并用，极富于变化，是中国十大传世名画。

    D 冬至，是中国农历中一个非常重要的节气，也是中华民族的一个传统节日。这一天是北半球全年中白天最短、夜晚最长的一天。

60. A 紫荆花性喜温暖，易于繁殖，被香港人视做"繁荣、壮观、奋进"的象征。

    B 在景色优美的园林中散步，有助于消除长时间工作带来的紧张和疲乏，并且脑力、体力得到恢复。

    C 含羞草稍被触摸，叶子就会自然地收缩起来，即使一阵风吹过，也会出现这种情形，就像一个害羞的少女一般。

    D 从根本上说，科技的发展，经济的振兴，乃至整个社会的进步，都取决于劳动者素质的提高和大量合格人才的培养。

第二部分

第61-70题：选词填空。

61. 中国菜讲究色香味，倘若再有个好名字，_____就更完美了。所以有_____的烹饪大师，给自己创造的新菜起名，会格外注意它的文化_____。

    A 恐怕　　个性　　素质　　　B 难怪　　出息　　意义
    C 无疑　　修养　　内涵　　　D 估计　　教养　　内容

62. 科学是老老实实的学问，需要付出_____的劳动，来不得半点_____。同时，科学也需要创造，需要想象，这样才能打破传统的_____，才能获得发展。

    A 辛勤　　虚心　　约束　　　B 痛苦　　虚伪　　拘束
    C 艰辛　　虚假　　束缚　　　D 艰难　　虚荣　　规矩

63. 九寨沟是水的天地。九寨沟的水是人间最_____的水，无论是宁静的湖泊，还是飞泻的瀑布，都是那么神奇迷人，令人_____。水构成了九寨沟最富魅力的景色，是九寨沟的_____。

    A 清洁　　络绎不绝　　精神　　B 清晰　　川流不息　　灵感
    C 透明　　锲而不舍　　心灵　　D 清澈　　流连忘返　　灵魂

64. "咬文嚼字"有时是一个坏习惯，所以这个成语的含义_____不是很好。但是在阅读和写作时，我们必须要有一字不肯_____的严谨。文学_____借文字表达思想情感，文字上面有_____，就显得思想还不透彻，情感还不凝练。

    A 通常　　放松　　作品　　含糊
    B 尤其　　饶恕　　著作　　分歧
    C 偶然　　放弃　　理论　　矛盾
    D 经常　　忽略　　题材　　错误

65. 李时珍在读了很多医药书，并研究了一系列的"本草"以后，一方面_____佩服前代大师们的辉煌业绩，另一方面也发现他们在观察上和理论上的错误，是需要加以_____、订正的。因而他就将这个责任_____起来。从1552年开始，直到1578年，经过整整27年_____和编书的生活，他的《本草纲目》巨著才告完成。

    A 毅然　　挖掘　　负责　　咨询
    B 果然　　解释　　承受　　访问
    C 自然　　整顿　　承担　　采集
    D 固然　　整理　　担负　　采访

66. 许多有抱负的人都忽视了积少才可以成多的道理，一心只想_____，而不去埋头耕耘。直到有一天，他看见比自己开始晚的、比自己天资差的，都已经有了_____的收获，才发现自己这片园地上还是_____。这时他才明白，不是上天没有给他理想，而是他一心只等待丰收，却忘了_____。

    A 一帆风顺   壮观   半途而废   酝酿
    B 一鸣惊人   可观   一无所有   播种
    C 一如既往   宏观   有条不紊   照料
    D 一丝不苟   美观   众所周知   培育

67. 中国有句_____叫做"良药苦口利于病，忠言逆耳利于行"，意思就是药虽然很苦，但对_____你的病有很大帮助；同样，别人_____你的话可能不好听，但对你是有很大帮助的。所以，我们要_____接受别人的意见。

    A 俗话   治疗   劝   善于
    B 谚语   预防   提   勇于
    C 闲话   诊断   骂   鉴于
    D 寓言   抢救   嫌   便于

68. 是不是有人不做梦呢？绝大部分科学家_____所有人都会做梦。如果有人认为自己没有做梦或者很少做梦，那是因为他们醒来后将梦中的_____全部忘记了。有研究表明，无梦睡眠不仅_____不好，而且还是大脑受到_____或有病的一种征兆。

    A 相信   情形   质量   损害
    B 理解   情况   效率   危害
    C 确定   情节   效果   迫害
    D 反映   情景   品质   伤害

69. 花样游泳是女子体育项目，原为游泳比赛间歇时的水中_____项目，是游泳、舞蹈和音乐的完美_____，有"水中芭蕾"之称。它是一项艺术性很强的_____的体育运动，但也需要力量和_____，需要多年的_____。

    A 竞赛   配合   优美   速度   培养
    B 表演   结合   优雅   技巧   训练
    C 演出   联合   精致   技能   培训
    D 娱乐   组合   华丽   才干   锻炼

70. 自立就像支撑我们身体的骨架，使我们能站立，能_____行走，而不需要别人的_____；依赖则像一个正常人_____拐杖，虽然可以借助拐杖的力量使自己舒服，但是时间长了，骨架就会退化，我们可能将_____无法自己站立。

    A 任意   陪伴   扛   终究
    B 主动   帮忙   使   逐步
    C 自由   搀扶   拄   永远
    D 独立   引导   捧   始终

第三部分

第71-80题：选句填空。

71-75.

有些推销员在推销商品时，并不会直接让你买他的商品，而是先提出试用化妆品、试穿衣服等要求，（71）_____，才会建议你购买。

心理学家认为，一下子向别人提出一个较大的要求，人们一般很难接受，而如果逐步提出要求，不断缩小差距，（72）_____。这主要是由于人们在不断满足小要求的过程中已经逐渐适应，意识不到逐渐提高的要求已经大大偏离了自己的初衷。

人们都希望在别人面前保持一个比较一致的形象，（73）_____。因而，在接受别人的要求，给别人提供帮助之后，再拒绝别人就变得更加困难了。如果这种要求给自己造成的损失并不大，人们往往会有一种"（74）_____"的心理。

在教育教学管理中，我们也可以对教师、学生先提出较低的要求，待他们按照要求做了，（75）_____，然后逐渐提高要求，使每个人都乐于继续积极奋发向上。对年龄较小的孩子的教育引导，尤其要使用目标分解法，遵循循序渐进原则。

A 要予以肯定、表扬乃至奖励

B 反正都已经帮了，再帮一次又何妨

C 当这些要求实现之后

D 不希望别人把自己看做"喜怒无常"的人

E 人们就比较容易接受

76-80.

徐悲鸿刚到北平时,便经常去琉璃厂的字画店里搜集古今的优秀字画。遇上他所喜爱的,就会情不自禁地说:"这是一张好画!""这是难得的精品!"等等,直说得站在旁边的画商眉开眼笑,(76)_____,现在也向徐悲鸿提出了高价。而徐悲鸿一旦看中,(77)_____。有时为了买画,因为家中的钱不够,他就再添上自己的画。

妻子经常埋怨他说:"你何必在画商面前表现出你的喜爱呢?你就不会冷静一些吗?(78)_____,结果你原本可以少出一些钱就能买到的画,也被人家要了高价。"

徐悲鸿温和地点头笑了,(79)_____。但是,下一次再遇到画商送来好画时,他还是情不自禁地赞不绝口。

徐悲鸿终生不知疲倦地收集中国古代传统绘画,对其进行研究、整理和保护。一幅好画突然出现在他面前时,他激动,他兴奋,他赞赏。假如,(80)_____,那他就不是画家徐悲鸿了。

A 承认这话很有道理

B 他对一幅真正的好画能装出无动于衷的样子

C 本来没有打算要高价的

D 你总是让人家看出来你非买不可

E 便不再计较价钱

第四部分

第 81-100 题：请选出正确答案。

81-84.

有一天，鲁班到山上去砍树，一不小心，被丝茅草划破了手。他觉得很奇怪，一棵小草怎么这样厉害呢？他放下手里的活儿，仔细观察起来。结果，他发现丝茅草叶子边缘上的许多锋利细齿是划破手的"元凶"。鲁班受到启发，发明了木工用的锯子。

车前草是一种路边草地上常见的小草，近年来却名声大振。原来，建筑师从它身上发现了一个秘密：它的叶子按螺旋形排列，每两片叶子的夹角都是 137°30'，这种结构使所有的叶子都能得到充足的阳光。普通的人类住房，总是有的房间阳光多些，有的房间阳光少些。人们根据车前草叶子的排列特点，设计建造了一幢螺旋形的 13 层大楼，使得一年四季，阳光都能照到每一个房间里。这对人的健康多么有利啊。

人是地球上最聪明的动物，靠着智慧的头脑和灵巧的双手，造出了种种工具，使自己对世界的征服与改造步步深入，成为万物之灵。但大自然虽然默默无语，却也蕴藏着无穷无尽的智慧。人再聪明，我们的设计，比起动植物身体的巧妙构造来，<u>仍有许多望尘莫及之处</u>。所以，人类需要虚心向动植物学习，从生物界这个巨大的"博物馆"中搜寻几乎是无所不有的技术设计蓝图。

81. 和第 1 段中"元凶"意思最相近的是：
   A 元首　　　B 凶手　　　C 敌人　　　D 工具

82. 关于车前草，下列哪项正确？
   A 十分珍稀　　　　　　　B 只有 13 片叶子
   C 叶子有锋利细齿　　　　D 叶子能吸收充足的阳光

83. 与第 3 段中画线句子意思最接近的是：
   A 还相差很远　　　　　　B 永远也赶不上
   C 包含了很多智慧　　　　D 仍有许多不解之谜

84. 上文主要想告诉我们什么？
   A 车到山前必有路　　　　B 做事情要计划周密
   C 人的创造力是无限的　　D 我们需要向大自然学习

85-88.

某大学的科研人员进行过一项有趣的心理学实验，名为"伤痕实验"。他们向参与其中的志愿者宣称，该实验旨在观察人们对身体有缺陷的陌生人做何反应，尤其是面部有伤痕的人。

每位志愿者都被单独安排在没有镜子的小房间里，由专业化妆师在其左脸做出一道血肉模糊、触目惊心的伤痕。志愿者被允许用一面小镜子照照化妆的效果，之后镜子就被拿走了。尤为关键的是最后一个步骤，化妆师告诉志愿者，需要在伤痕表面再涂一层粉末，以防止它被误擦掉。实际上，化妆师用纸巾偷偷抹掉了化妆的痕迹，他们脸上什么也没有了。对此毫不知情的志愿者们被派往各医院的候诊室，在那里呆够一小时才允许回来。规定的时间到了，返回的志愿者们竟无一例外地叙述了相同的感受——人们对他们比以往更加粗鲁无礼，不友好，而且总是盯着他们的脸看。

毫无疑问，他们的脸上什么也没有，是不健康的自我认知影响了他们的判断。与脸上的伤痕相比，一个人心灵的伤痕虽然隐蔽得多，但同样会通过自己的言行显示出来。如果我们自认为有缺陷、不可爱、没有价值，也往往会以同样的怀疑、缺乏爱心、令人气馁的态度对待别人，从而很难建立起互信互利的人际关系。

人的心灵就像一面镜子，你感知到的是什么样的世界，取决于你如何看待自己。这面镜子其实是哈哈镜，外面的世界是客观的，客观的外在映射到我们的内心，就会加上我们的主观意念，变得凹凸不平了。

85. 化妆师抹掉伤痕是因为：
   A 他不知情　　　　　　B 实验需要
   C 效果不理想　　　　　D 实验已经结束了

86. 志愿者在候诊室时：
   A 脸上有伤痕　　　　　B 被很多人盯着看
   C 他们的感受差不多　　D 发现了实验的真相

87. 关于"伤痕实验"，下列哪项正确？
   A 实验结果受到怀疑　　B 实验目的做了改动
   C 关注人的自我认知　　D 志愿者都有身体缺陷

88. 最适合做上文标题的是：
   A 心中的伤痕　　　　　B 聪明的化妆师
   C 做最好的自己　　　　D 缺陷也是一种美

89-92.

你有没有见过努力破茧的蝴蝶？正是这种挣扎的过程，才让蝴蝶的翅膀强壮，最终可以飞向天空。如果蝴蝶很容易就从茧中爬了出来，那它的身体就会很臃肿，翅膀小得可怜，不管它怎么努力，也无法让自己像其他蝴蝶那样飞舞。适当的压力水平，让美丽的蝴蝶在破茧而出以后可以自由飞舞。

同样，对于人类而言，压力也有最佳水平。适度的压力不仅能成为我们前进的动力，还会促使我们在工作中发挥出最佳水平。过高或过低的压力则会对人的健康与发展不利。过高的心理压力是非常令人不悦的，它不仅会带来令人不愉快的情绪反应，还可能进一步带来经济损失和严重的社会影响。那么，是不是存在没有压力的极乐世界呢？事实上，完全没有心理压力的情况是不存在的。我们假定存在这样的情形，那一定比有巨大心理压力的情景更可怕。因为，没有压力本身就是一种压力，它的名字叫做"空虚"。历史上，曾有无数文学艺术作品描述过这种空虚感，那是一种比死亡更没有生气的状况，一种活着却感觉不到自己存在的巨大悲哀。

心理学研究表明，一个人的动机强度与活动绩效的关系呈倒 U 字型，即中等强度动机的活动绩效最高，而动机水平过低与过高，都会导致活动绩效水平下降。当压力与你的生活相协调，它可以让人保持警醒、敬畏的心态，形成自我保护机制，并产生催人奋发向上的动力。

生活中的压力无处不在，但心理压力也可以成为我们的好朋友。如果调节得当，那么压力就会转变成前进的动力。就像面临重重阻力的蝴蝶，当它最终破茧而出的时候，就能扇动强壮有力的翅膀，自由地飞向天空。

89. 第 2 段中画线句子的主要意思是：
   A 压力要适度　　　　　　B 压力对人的健康有利
   C 只有人类会调节压力　　D 压力有助于将工作做得更好

90. 作者认为，没有压力的极乐世界：
   A 不存在　　　　　　　　B 缺少生机
   C 存在于文学作品中　　　D 存在于每个人的心中

91. 根据上文，下列哪项正确？
   A 压力即动力　　　　　　B 压力随处可见
   C 压力会带来空虚感　　　D 动机越高活动绩效越高

92. 最适合做上文标题的是：
   A 有力的翅膀　　　　　　B 破茧方可成蝴蝶
   C 什么比压力更可怕　　　D 有一种压力叫"空虚"

93-96.

在中国传统礼仪中，怎么坐是一个很重要的内容。最早的时候，没有椅子，人们会客的时候都是跪坐在席子上，两膝着地，臀部坐在小腿肚上，这叫跪坐。虽然不太舒服，可是在正式场合下，必须这样坐，否则就是失礼。

这种坐姿现在看来是很难受的，现代人恐怕少有能坚持这种坐姿半小时以上的。所以，古时候人们必须经过刻苦训练，才能适应这种坐姿。孩子们学的第一堂礼仪课就是跪坐，其意义与新兵入伍时训练军姿很相似。跪坐的训练，除了能磨练孩子的意志，更重要的是可以修身养性。因为再怎么训练，跪坐久了都不舒服，内心就会焦躁不安，所以跪坐训练更是对自身心性内涵的修炼，从而使内心与坐姿和谐统一，这样才能达到完美的跪坐。因此，经过跪坐训练的人们都有挺拔干练的气质，都有严谨坚忍的性格。

到了东汉末年，一种名叫"胡床"的折叠板凳传入中原，第一次改变了人们的坐姿，人们逐渐开始放弃跪坐这种难受的姿势。唐代中期，胡床逐渐演变为人们现在习以为常的有靠背、有扶手、可以让双腿自然垂下的椅子。到了宋朝，这种椅子便广泛地流行起来。

椅子出现以前，人们的坐姿很低，导致家具普遍矮小，椅子出现后，人们的坐姿显然升高了不少，自然而然一些高足家具就陆续开始流行，桌子也应运而生，逐渐成为中国最主要的吃饭、看书所使用的家具。而高足家具的出现，又引起了茶具、碗碟等生活用品的一连串改变。席地而坐时，为了方便饮食，都使用高足餐具，许多杯、碟、碗的底部都有几个支撑的高足。到了宋代，餐具置于高桌上，身体的位置及人的视线都不一样了，很难再看到安装高足的餐具了，碗、盘、杯等食器都变得玲珑精巧。

椅子出现前，由于坐姿、案几的低矮，人们围坐在一桌吃饭很困难，所以，那时一般都是分餐制。椅子和高足桌子的出现，奠定了围坐吃饭的物质基础，人们逐渐开始围坐在一张桌子旁吃饭，直到八仙桌出现，在一张桌子上吃饭已成了习俗，分餐制也就顺理成章地变成了合餐制。

93. 跪坐训练有什么意义？
   A 修身养性   B 方便饮食
   C 强健体魄   D 训练身体协调性

94. 关于"胡床"，下列哪项正确？
   A 使跪坐更舒服   B 唐代开始流行
   C 是椅子的替代品   D 改变了人们的坐姿

95. 椅子出现后：
   A 开始出现分餐制   B 开始流行席地而坐
   C 高足家具逐渐流行   D 人们的阅读量增加了

96. 上文主要介绍的是：
   A 合餐制的由来   B 中国传统礼仪
   C 中国古代家具   D 椅子带来的变化

97-100.

经常听到有人说，我老了，但心年轻，有些人则是身体还年轻，心已苍老。所谓心"老"，大约说的就是心理年龄超过了生理年龄。也的确有专业测试的结果表明，很多人的心理年龄就是大于生理年龄的。

其实这个现象在全世界都普遍存在，极少有人的心理年龄和生理年龄是完全一样的，而前者高出后者，也是正常的现象。即使相差很多，也并非病态。所以大可不必因为心理年龄的"老"而忧虑。

心理年龄的高低，和一个人的遗传、性格、经历、环境等等因素密切相关，甚至受到近期的心情等多变因素的影响。实际上它并不是一个固定值，是可以变化的。如果在错综复杂的人际关系环境中，擅长利用这种变化，将十分有利于人际关系的处理，而此时的心理年龄就是改善各种沟通阻力的"滑动变阻器"。

比如，对待小孩，我们可能都会自然而然地和他们用孩子的口吻来交流，因为对方是小孩，只有这样才能比较顺利地与他们进行对话沟通。这个时候，就是我们在把自身的心理年龄不自觉地下调到了与对方接近的尺度，所以不会觉得有沟通障碍。其实这种方法，如果稍加用心地普遍应用，将会成为人际交往的润滑剂。

最简单的，和父母之间，成年后会觉得沟通困难。那是因为，在父母心目中，我们永远都是天真烂漫的小孩子。不管在外面，是多么大的公司、多么高的地位，那些"附加值"在父母看来，都不过是"皇帝的新装"。用"社会面孔"去对待父母，你不自知，可父母会感到极端不舒服。

一个人的心理年龄与实际年龄相吻合应该是一种相对理想的境界。当我们了解各阶段心理年龄的优缺点后，自然可以像了解任何事物那样地加以利用，取长补短，帮助我们在人际关系中游刃有余，得到最佳的发展环境。

97. 心理年龄"老"：
 A 是病态 B 并不常见
 C 受遗传的影响 D 说明心情不好

98. 用小孩子的口吻交流是为了：
 A 改善心情 B 安慰父母
 C 消除沟通障碍 D 培养孩子的爱心

99. 交际中应该怎样利用心理年龄？
 A 确定一个固定值 B 展现真实的心理年龄
 C 使其与心理年龄相吻合 D 根据不同对象进行调整

100. 上文主要介绍了心理年龄的：
 A 判断标准 B 应用价值
 C 形成过程 D 构成因素

三、书 写

第101题：缩写。

（1）仔细阅读下面这篇文章，时间为10分钟，阅读时不能抄写、记录。
（2）10分钟后，监考收回阅读材料，请你将这篇文章缩写成一篇短文，时间为35分钟。
（3）标题自拟。只需复述文章内容，不需加入自己的观点。
（4）字数为400左右。
（5）请把作文直接写在答题卡上。

　　他和她相识在一个宴会上。那时的她年轻美丽，身边有很多追求者，而他却是一个很普通的人。因此，当宴会结束，他邀请她一块去喝咖啡的时候，她很吃惊，然而，出于礼貌，她还是答应了。

　　坐在咖啡馆里，两个人之间的气氛很是尴尬，没有什么话题，她只想尽快结束。但是当小姐把咖啡端上来的时候，他却突然说："麻烦你拿点盐过来，我喝咖啡习惯放点盐。"当时，她愣了，小姐也愣了，她们的目光都集中到了他身上，以至于他的脸都红了。

　　小姐把盐拿过来了，他放了点进去，慢慢地喝着。她好奇地问："你为什么要加盐呢？"他沉默了一会儿，说："小时候，我家住在海边，我老是在海里泡着，海浪打过来，海水涌进嘴里，又苦又咸。现在，很久没回家了，咖啡里加盐，就算是想家的一种表现吧，可以把距离拉近一点。"

　　她突然被打动了，因为这是她第一次听到男人在她面前说想家。她认为，想家的男人必定是顾家的男人，而顾家的男人必定是爱家的男人。她忽然有一种倾诉的欲望，跟他说起了自己远在千里之外的故乡。冷冰冰的气氛渐渐变得融洽起来，两个人聊了很久，并且，她没有拒绝他送她回家。

　　再以后，两个人频繁地约会，她发现他实际上是一个很好的男人，大度、细心、体贴，符合她所欣赏的优秀男人应该具有的所有特性。她暗自庆幸，幸亏当时的礼貌，才没有和他擦肩而过。她带他去遍了城里的每家咖啡馆，每次都是她说："请拿些盐来好吗？我的朋友喜欢咖啡里加盐。"再后来，就像童话书里所写的一样，"王子和公主结婚了，从此过着幸福的生活"。他们确实过得很幸福，而且一过就是40多年，直到前不久他得病去世。

　　故事似乎要结束了，如果没有那封信的话。

　　那封信是他临终前写给她的："原谅我一直都欺骗了你，还记得第一次请你喝咖啡吗？当时气氛差极了，我很难受，也很紧张，不知怎么想的，竟然对小姐说拿些盐来。其实我不加盐的，当时既然说出来了，只好将错就错了。没想到竟然引起了你的好奇心，这一下，让我喝了大半辈子加盐的咖啡。有好多次，我都想告诉你，可我怕你会生气，更怕你会因此离开我。现在我终于不怕了，因为我就要死了，死人总是很容易被原谅的，对不对？今生得到你是我最大的幸福，如果有来生，我还希望能娶到你，只是，我可不想再喝加盐的咖啡了，咖啡里加盐，你不知道那味道有多难喝。咖啡里加盐,我当时是怎么想出来的!"

　　信的内容让她吃惊,同时有一种被骗的感觉。然而,他不知道,她多想告诉他,她是多么高兴,有人为了她,能够做出这样一生一世的欺骗……

H61004 卷听力材料

（音乐，30秒，渐弱）

大家好！欢迎参加HSK（六级）考试。
大家好！欢迎参加HSK（六级）考试。
大家好！欢迎参加HSK（六级）考试。

HSK（六级）听力考试分三部分，共50题。
请大家注意，听力考试现在开始。

第一部分

第1到15题，请选出与所听内容一致的一项。现在开始第1题：

1. 躺在手术台上的患者，看着手术前的各种准备，心里觉得非常不安，就说："大夫，对不起，这是我初次动手术，所以非常紧张。"大夫拍拍他的肩膀，安慰道："我也是一样。"

2. "亡羊补牢"这个成语说的是因为羊圈破了而丢了羊，如果赶快修补羊圈，还不算晚。比喻出了问题以后及时采取补救措施，就可以避免遭受更大的损失。

3. 做一项工作的前提条件是能够胜任。能干是合格员工最基本的标准，肯干则是一种态度。有些职位，很多人都能胜任，但能否把工作做得更好，就要看是否具有踏实肯干、刻苦钻研的工作态度了。

4. 这世上没有外婆不喜欢的人。她这一生跟酗酒的男人、忧郁的女人以及寂寞孤独的人们都做过朋友。外婆喜欢人们本真的样子。如果她知道一个人酗酒，她不会劝他戒酒，而会告诉他饮酒的人也可以很绅士。

5. 一个小男孩在门口玩儿，一个中年男子问他："你爸爸在家吗？"小孩答道："在家。"那人便去按门铃，按了很久也没人开门。于是男子生气地问小孩："他为什么不开门？"孩子说："我怎么知道呢，这又不是我家。"

6. 人的知识是有限的，没有人在任何领域都精通。一个杰出的天文学家，不一定能欣赏工匠的手艺。一个出色的钢琴家，也可能不会对化学有兴趣。一个人如果自称什么都懂，这个人多半什么都不懂。

7. 柴米油盐酱醋茶，虽说茶排在最后一位，但很多人离不了它。饮茶能补充人体必需的一些微量元素，对某些疾病也有防治作用。长期喝茶的人，腰围与臀围可以各少两厘米，而且身体脂肪含量比例也会少百分之二十。

8. 人际关系与星际关系一样，太近了就容易摩擦出矛盾。"保持距离"的确是人际和谐的关键。就像高速公路上，车与车之间，即使是同一个方向，也要"保持车距"，否则容易出事故。

9. 世界上最早的地图是一九七三年在湖南长沙马王堆出土的三幅汉代帛绘地图，图上绘制着今天湖南、广东、广西三省的交界地区。令人惊奇的是，图中绘有大小河流、山脉、城镇三十余处，与今天的地图基本相同。

10. 不同天气条件对军事活动的影响往往不同，即使是同一种天气条件，也常常因指挥员和部队利用是否得当而产生不同的结果。比如说大雾，一方面给飞机的起降等带来困难，另一方面又可以掩护部队的作战行动。

11. 团队精神的基础是尊重个人的兴趣和成就，其核心是协同合作，最高境界是使团队具有凝聚力。团队精神的形成并不要求团队成员牺牲自我，相反，挥洒个性、表现特长才能保证成员拥有共同完成目标的动力。

12. 大部分鲸鱼生活在海洋中，仅有少数栖息在淡水里。一般将它们分为两类，一类口中有须无齿，称须鲸；另一类口中有齿无须，叫齿鲸。鲸的眼睛都很小，视力较差。

13. "我最大的错误，是没有花光所有的钱。"林海音把工作赚来的钱换成了二十多套房子。六十五岁时，她决定去云游四海。每当钱花光了，她就卖掉一套房子，八十二岁去世时，还留有数套房子，于是留下上述遗言。

14. 孩子需要"游戏的童年"，因为自由地玩耍有助于培养他们的社交能力、创造力，还能帮助他们在以后的人生岁月中应对挫折、克服困难。现在，玩耍正从许多孩子的童年中缺席，这不利于孩子的成长。

15. 都说女人不是因为美丽而可爱，而是因为可爱而美丽。不知道从什么时候起大家都喜欢夸奖女性"可爱"了。但是，有些女性认为，夸她"可爱"就意味着你认为她不够漂亮，所以，赞美女性的时候可要注意了。

第二部分

第 16 到 30 题，请选出正确答案。现在开始第 16 到 20 题：

第 16 到 20 题是根据下面一段采访：

女：他曾经是美国知名大学最年轻的副教授，他曾经是苹果公司副总裁，他曾经创建了微软中国研究院，他曾经任谷歌全球副总裁兼大中华地区总裁。他总是在一个个巅峰毅然做出新的选择，而这些选择又是一次次成功地自我超越。今天我们很荣幸地邀请到了李开复先生，让我们一起来看一看他的世界。

男：大家好。

女：我们知道，您最近做了一个重大的决定，您能和大家说一说吗？

男：我已经离开了谷歌，现在正在筹划一个自己的公司——创新工场，我们努力构建一个全方位的创业平台。说简单些，就是先挑选出人才，然后和他们一起选好项目，帮助他们把项目做出来，接着投资他们，并找外面的投资，再进一步地注资给他们。

女：这项工作对您来说它的魅力在什么地方？

男：它的乐趣在于它串联了我生命中最重要的几个旋律，中国，青年，还有创新，创业，这是一个崭新的工作，从头做起是我最喜欢的工作。

女：您这份工作是为了圆您自己的梦想，还是说是为了圆其他人的梦想？

男：我想除了是我自己的梦想以外，我觉得也是这些青年的梦想，因为今天中国的青年非常渴望创业，但是他们没有足够的经验把这个事情做好，而我可以提供这样的经验，增加他们成功的概率。

女：您常常告诉大学生们一句话：世界因我而不同。但是中国人也有这么一句俗话，地球缺了谁都照样儿转。但是这和您所说的，似乎是完全不同的两种形容，您怎么看您这样一种信念？

男：我觉得确实世界会转，但是我觉得这就是人生的目的，人生的目的不是让世界继续地转，而是让世界更美好，是让世界上有更多更美好的产品，让人的生活过得更快乐，让人能够节省能源，让人能够有更多的和平、更少的战争，这些让世界更美好，那么这美好的世界和不美好的世界都在转，但转不是目的，它只是一个行动，是一个我们不可改变的行动。所以我更希望把我们有限的时间，不是去观察一个行动，而是去创造一个差别。

16．男的最近做了什么决定？
17．男的目前从事哪方面的工作？
18．男的认为现在做的工作有什么特点？
19．男的认为自己可以为青年提供什么？
20．男的常告诉大学生哪句话？

第 21 到 25 题是根据下面一段采访：

女：二零零九年中央电视台春节联欢晚会上，一位来自台湾名叫刘谦的年轻魔术师让人们在镜头前近距离地见证了奇迹的发生，他不仅成为这次春晚上最受关注的表演者之一，更在二零零九年掀起了一股魔术热，越来越多的人喜欢上了这种近距离魔术。今天我们有幸跟刘谦面对面交流，刘先生您好。在您眼里，魔术是什么样的呢？

男：我个人觉得，其实现代的魔术它应该更生活化，就是魔术师穿的衣服是跟正常人一样，讲的话跟正常人一样，用东西也跟正常人一样，在这种情况之下，还有魔术在眼前发生，那样才叫真正的魔术，这才是真正的震撼的魔术。

女：您从小就喜欢表演魔术吗？为什么喜欢呢？

男：我记得第一次表演魔术时我七岁，看到观众惊喜的反应让我感到无比的快乐，也正是这样建立起了自己对于变魔术的自信。一九八八年，也就是我十二岁的时候，见到了自己的偶像著名魔术大师大卫·科波菲尔，并从他的手中接过了全台湾少儿魔术大赛的冠军奖项。可以说如果那时候我没有获奖的话，说不定现在我早就远离魔术很久了，因为从小我其实没什么值得骄傲的地方，十二岁那一次获奖，让我第一次感觉到，原来有一件事情是我做起来还不错的，比别人好的。

女：得到别人的承认？

男：对，而且是努力就会有收获这件事情，是我在十二岁那一年第一次切身感受到的，努力跟收获的这件事情，对我来讲是有非常大、非常大的影响。

女：这么说，您从小的理想就是当魔术师吗？

男：不是，虽然我喜欢魔术，但一开始我并没有打算把魔术当成自己的职业，我的理想是成为工作稳定、收入丰厚的白领。

女：那后来您是怎样走上魔术表演这条路的呢？

男：大学毕业后屡屡碰壁的求职经历让我终于又回到了自己擅长的魔术轨道。因为我认为一旦决定我要做这个行业，我一定要做到顶尖。而且我相信，如果你要做到顶尖，你就必须要跟别人不一样，不光是你做的事情要不一样，你的想法、你的观念、你的基础、你的态度都要完全不一样，你才可以做到顶尖，否则你就会变成跟一般人一样。

21. 男的认为魔术应该怎么样？
22. 男的为什么选择做魔术师？
23. 男的最初的理想是什么？
24. 男的认为怎样才能做到最好？
25. 关于男的，可以知道什么？

第 26 到 30 题是根据下面一段采访：

女：各位网友大家好，今天我们请到著名作家莫言老师，网友们熟悉莫言老师的小说已经很久了，大家很想知道您创作的小说灵感来源是什么？

男：故乡可以算是一个最大的来源，因为我很多的人物、很多的故事都是从故乡生发出来的。还有很多故事是我在北京、天津经历到的，甚至我从国外电影上看到的，从外国作家书里读到的，从电视新闻里看到的，这样我才能持续不断地创作。

女：中国传统文化流传下来两个非常不同的东西，一种是文人文化，另外一种是民间文化，您的作品好像更多体现民间文化，您有什么看法？

男：每一个作家接受的文人文化都差不多，如果仅有文人文化，那么所有作家的作品应该是差不多的，为什么会有这么多的作家形成各自不同的风格，因为我们接受来自民间的文化不一样，这块东西对一个作家的风格是至关重要的。

女：您对网络对文学的影响有什么看法？

男：网络文学毫无疑问给很多有才华的年轻作者提供了施展才华的机会。通过网络写作，很多年轻的写手冒了出来，然后重新回归到传统的出版方式出书，这是好事。网络文学有自己的鲜明风格，那种想象力，那种语言的跳跃感和朝气蓬勃的力量，这都是用纸笔写作很难达到的，这样的写作势必会影响我们的文学。

女：您最近有没有看过网络的作品？

男：看过。我曾经看过郭敬明写的《幻城》，我觉得写得蛮好的。他写的和我写的是根本不一样，他写的东西，我写不了，我写的可能他也写不了。

26．男的的创作灵感主要是从哪里来的？
27．男的认为民间文化对写作有什么影响？
28．"很多年轻的写手冒了出来"主要是什么意思？
29．关于男的，可以知道什么？
30．男的怎么看待郭敬明的作品？

第三部分

第31到50题，请选出正确答案。现在开始第31到33题：

第31到33题是根据下面一段话：

　　古代有一位国王，愿意用一千两黄金买一匹千里马。可是三年过去了，连千里马的影子也没看到。这位国君手下有一位大臣，自告奋勇请求去买千里马，国君同意了。这位大臣花了三个月的时间，终于打听到某处人家有一匹千里马。可是，等他赶到这户人家时，马已经病死了。于是，他就用五百两黄金买了马的骨头，回去献给国君。国君知道用那么多黄金只买回来一堆马骨后，心里很不高兴。买马骨的大臣却说，花很多钱买马骨看起来很不值，但是，这样天下人就都知道大王您是真心实意地想出高价钱买马，并不是欺骗别人，过不了多久肯定就有很多人来献千里马。果然，不久就有人送来了三匹千里马。

　　31．那位大臣为什么没有买到千里马？
　　32．国王看到马骨时是什么反应？
　　33．这个故事主要想告诉我们什么？

第34到37题是根据下面一段话：

　　一说起吃零食，很多人都认为是不好的习惯，对健康不利。其实，有些时候，人是需要零食的，只要在合适的时间吃零食，就可以让你更健康。
　　如果三餐固定，上午十点和下午三点左右是吃零食的最佳时间。此时正值两餐之间，人体血糖值较低，适当补充些能量可以消除疲劳，调节心情，缓解压力。这时，吃两粒坚果，喝一杯酸奶，再吃点水果，对身体很有益处。
　　广东等地流行的下午茶就是这样，一杯红茶或咖啡，加上几块饼干或蛋糕，不仅驱逐了饥饿感，还使人心情变得愉悦，可以提高工作效率。这时选择的零食，热量不能太高，以免影响接下来的工作和下一餐的进食。
　　如果三餐不固定，作为替补品的零食当然是越早吃越好，以便及时为身体补充能量。

　　34．如果三餐固定，什么时间吃零食最合适？
　　35．广东等地流行什么？
　　36．吃零食应该注意什么？
　　37．根据这段话，下列哪项正确？

第 38 到 39 题是根据下面一段话：

什么样的目标才是正确的目标呢？简单来说就是适合自己的目标。

张五常小时候非常喜欢打乒乓球，自以为有这方面的天分。有一次，他碰到了一个小孩子，对方虽是初学，而且个子矮得只能踮着脚尖拍球，但是拍得啪啪直响。张五常便走上前去，教他打乒乓球。谁知这个小孩子一教就会，不教的也会，不到两个月，张五常就发现自己已经不是他的对手，而且往往输得莫名其妙。由此，他意识到自己在打乒乓球方面并没有什么天分，转而投身其他领域，最终在经济研究方面取得了令人瞩目的成就。而那个小孩子，就是后来的乒乓球世界冠军容国团。

38．关于张五常，可以知道什么？
39．这段话主要想说明什么？

第 40 到 42 题是根据下面一段话：

许多职场人士，在跨入职场之初或到一个新的职业环境，不但干劲十足、激情高涨，而且对自己的职业前途也寄予厚望。但一年两年之后，很快就会感觉到自己简直与机器人一样，每天上了班就希望能早点下班，一点也没有了原先的激情。甚至每一次工作中出现不顺心，就会"鼓励"自己换个工作环境。然而每一次的跳槽结果，常常会使自己的情绪越来越低落。

为什么会这样呢？有什么办法避免这种情况吗？我认为只有工作娱乐两不误，我们才能保持对工作的激情。另外，我们还可以寻找工作外的成功，把自己的爱好当做本职工作一样认真对待，并同样引以为豪。今天，许多人只把来自办公室的成绩看成真正的成功，结果这些人只有在事业上取得成功时才会有成就感，而一旦工作遇到麻烦，就感到羞辱不堪。如果你把尊严同时建立在工作之外的爱好上，即使工作中遇到挫折，也能保持一种积极的态度。

40．说"自己简直与机器人一样"主要是什么意思？
41．说话人有什么建议？
42．关于工作之外的爱好，说话人是什么看法？

第43到46题是根据下面一段话：

脚部动作通常会暴露一个人的真实心理。谈话时，人们会把注意力集中在对方的脸部，很少对自己的脚施加有意识的控制。脚部动作便为我们提供了了解他人的线索。

首先，交谈时，如果发现对方的脚不再对着你，而是向另外一个方向转动时，你就要意识到可能出现什么问题了。如果有人在与你谈话时，脚尖却不自觉地向某个方向转动，你就要明白，此人是想要离开了。如果你发现，对方的脚在不停地转向摆动，则说明对方可能不情愿离开，但不得不走。

其次，当人的情绪高涨时，身体会不自觉地做出背离重力方向的动作。典型例子就是人极度高兴时，往往都会跳起来。所以无论是脚尖着地、脚跟抬起，还是脚跟着地、脚尖抬起，都是个人积极情绪的表现。

另外，无论是坐姿还是站姿，叉开双腿，都能使人的身体姿态看起来更加稳重。其实这也是一种强烈的信号，显示出当事人的态度会较为强硬。如果你发现一个人的腿从并在一起到叉开，你基本上可以肯定这个人越来越不高兴。

43．为什么说脚容易暴露人的真实心理？
44．关于脚部动作，下列哪项正确？
45．谈话人叉开双腿意味着什么？
46．这段话主要谈什么？

第47到50题是根据下面一段话：

钱是有性格的。钱有自己的主见和喜好，我们想获得钱，就不能强求，那样很累。正确的做法应该是，培养自己吸引钱的气质，让钱自投罗网。这就是"你不用去找钱，钱自己会来找你"的含义了吧。

问题是，"吸引钱的气质"又是什么样的呢？

我想，一是要有自己的核心竞争力。钱的流动并非杂乱无序，而是奉行着价值交换的原则。一个人只有拥有了可与外界进行交换的价值，才能吸引钱流向自己，所以我们要注重培养自己的一技之长。二是要有诚信。因为钱是胆小的，所以钱乐于和讲信用的人打交道。缺少信用意味着可能让钱有去无回。从长期来看，一个不守信用的人是难以成为富人的，一个存在诚信危机的国家也不可能成为富国。第三是要乐于与人分享。俗话说"财散人聚，财聚人散"，如果人心散了，队伍就不好带，最终钱也必将散去。

47．为什么说钱是有性格的？
48．怎样才能具备核心竞争力？
49．"财散人聚，财聚人散"这句话想告诉我们什么？
50．这段话主要谈的是什么？

听力考试现在结束。

H61004 卷答案

一、听 力

第一部分

1. D 2. C 3. A 4. C 5. B
6. A 7. A 8. C 9. B 10. C
11. C 12. B 13. C 14. C 15. D

第二部分

16. C 17. B 18. D 19. A 20. B
21. B 22. C 23. A 24. D 25. D
26. A 27. D 28. B 29. B 30. D

第三部分

31. A 32. D 33. D 34. D 35. A
36. D 37. A 38. B 39. B 40. C
41. B 42. B 43. D 44. A 45. B
46. D 47. A 48. C 49. A 50. C

二、阅 读

第一部分

51. A 52. C 53. B 54. D 55. A
56. B 57. C 58. D 59. C 60. B

第二部分

61. C 62. C 63. D 64. A 65. D
66. B 67. A 68. A 69. B 70. C

第三部分

71. C 72. E 73. D 74. B 75. A
76. C 77. E 78. D 79. A 80. B

第四部分

81. B	82. D	83. A	84. D	85. B
86. C	87. C	88. A	89. A	90. A
91. B	92. B	93. A	94. D	95. C
96. D	97. C	98. C	99. D	100. B

三、书 写

101.（略）

新汉语水平考试
HSK（六级）

H61005

注 意

一、HSK（六级）分三部分：

1. 听力（50题，约35分钟）

2. 阅读（50题，50分钟）

3. 书写（1题，45分钟）

二、听力结束后，有5分钟填写答题卡。

三、全部考试约140分钟（含考生填写个人信息时间5分钟）。

中国 北京　　　　　　　　国家汉办/孔子学院总部　编制

一、听力

第一部分

第1-15题：请选出与所听内容一致的一项。

1. A 女朋友不在家
   B 他的恋爱失败了
   C 他最后没打电话
   D 女朋友给他打电话了

2. A 心态影响成败
   B 玫瑰花种类繁多
   C 要避免盲目乐观
   D 希望越大，失望越大

3. A 遇事要冷静
   B 性格决定命运
   C 做事情要有针对性
   D 机会偏爱有准备的人

4. A 要培养孩子的耐心
   B 沟通是教育的第一步
   C 沟通是为了给孩子信心
   D 要加强家长与学校的沟通

5. A 钱钟书很幽默
   B 鸡蛋比鸡肉有营养
   C 《围城》是一部电影
   D 钱钟书接受了3次采访

6. A 音乐创作需要灵感
   B 年轻人不喜欢古典音乐
   C 开朗的人喜欢流行音乐
   D 对古典音乐的喜爱会更持久

7. A 要精益求精
   B 人们有心理惯性
   C 要学会取长补短
   D 坏事有时能变好事

8. A 巧克力能提高记忆力
   B 杏仁巧克力有助睡眠
   C 维生素可延缓大脑衰老
   D 巧克力含有丰富的维生素

9. A 情商比智商重要
   B 智商高的人不易成功
   C 管理者的情商都不很高
   D 成功的决定因素包括情商

10. A 钓鱼要选好位置
    B 钓鱼要精神集中
    C 我常和朋友去钓鱼
    D 雷雨天不应该钓鱼

11. A 现代人生活压力大
    B 生活每天都充满变化
    C 要养成好的生活习惯
    D 人们常感叹时间过得太快

12. A 儿子不富裕
    B 儿子买了新车
    C 父亲在酒店工作
    D 父亲很羡慕儿子

- 131 -

13. A 豆汁价格昂贵
    B 豆汁历史悠久
    C 豆汁味道比较苦
    D 豆汁用黄豆制成

14. A 富人往往很乐观
    B 微笑可以带来财富
    C 穷人也可能很开心
    D 人们不需要时刻微笑

15. A 志愿者也需要帮助
    B 老年人喜欢做志愿者
    C 大部分志愿者是学生
    D 做志愿者有益身心健康

第二部分

第 16-30 题：请选出正确答案。

16. A 没有负担
    B 知识丰富
    C 团队意识强
    D 对市场反应敏感

17. A 市场观念不强
    B 熟悉国内市场
    C 重视海外市场
    D 一部分人有创业经历

18. A 不愿冒险
    B 技术落后
    C 没海外背景
    D 缺乏商业化运作能力

19. A 有无技术
    B 有无资金
    C 有无市场需求
    D 有无新的理念

20. A 团体创业更易成功
    B 大学生不适合创业
    C 创业者应该懂技术
    D 创业初期要控制规模

21. A 故乡
    B 民间文化
    C 文人文化
    D 在北京、天津的经历

22. A 让作品继承传统
    B 让作品更贴近现实
    C 激发作家的想象力
    D 让作家具有不同的风格

23. A 网络文学读者众多
    B 出现了许多年轻作者
    C 那些年轻作者很有才华
    D 网络文学的语言具有跳跃性

24. A 是网络作家
    B 认同网络文学
    C 创作数量很少
    D 在出版社工作

25. A 没有生命力
    B 只适合青少年
    C 影响了自己的创作
    D 和自己风格完全不同

26. A 门槛很高
    B 已经产业化
    C 人人都可以有创意
    D 不是很随意的事情

27. A 引起不满
    B 导致分歧严重
    C 大家都不发言
    D 延长会议时间

28. A 要放松
    B 增加阅读量
    C 学习新理论知识
    D 多思考、观察和交流

29. A 美食
    B 编辑
    C 教育
    D 市场

30. A 动手能力强
    B 对生活要求高
    C 获取信息能力强
    D 不喜欢动手做吃的

第三部分

第 31-50 题：请选出正确答案。

31. A 步行上下山
    B 坐缆车上下山
    C 坐缆车上山、步行下山
    D 步行上山、坐缆车下山

32. A 知足常乐
    B 是悲观主义者
    C 坐缆车下了山
    D 和乙感受相似

33. A 要着眼未来
    B 要追求效率
    C 要有快乐的心
    D 解决问题要讲究策略

34. A 敬业
    B 交际范围广
    C 有创新意识
    D 专业知识丰富

35. A 运气好
    B 变得随和
    C 认识新朋友
    D 素质得到提高

36. A 什么是友谊
    B 如何结交朋友
    C 结交朋友的好处
    D 朋友要互相帮助

37. A 实事求是
    B 始终如一
    C 老生常谈
    D 带有建议

38. A 要少批评人
    B 称赞应注意客观
    C 要学会自我称赞
    D 称赞别人会使自己快乐

39. A 称赞的价值
    B 称赞与自信的关系
    C 应该怎么称赞别人
    D 人们为什么喜欢被称赞

40. A 默读
    B 一目数行
    C 边读书边听音乐
    D 连续读几个小时

41. A 损害视力
    B 容易疲劳
    C 可以加快阅读速度
    D 有助于培养阅读兴趣

42. A 能加深理解
    B 有助于记忆
    C 对演讲有好处
    D 会造成理解能力下降

43. A 怎样保护视力
    B 孩子阅读的不良习惯
    C 不要一味追求阅读速度
    D 怎样培养孩子良好的阅读习惯

44. A 散步
    B 聊天
    C 打球
    D 午睡

45. A 防晒
    B 补充水分
    C 避免出汗
    D 强度不能太大

46. A 节约用电
    B 做好工作计划
    C 去健身房锻炼
    D 利用午休时间整理办公桌

47. A 午睡的重要性
    B 如何改善工作环境
    C 怎样预防办公室疾病
    D 夏日午后白领怎样调节身心

48. A 更自信
    B 更珍惜时间
    C 无法确定时间
    D 时间安排更合理

49. A 不适用于个人
    B 指需要多元标准
    C 可用于企业管理
    D 主要用于心理测量

50. A 合作源于信任
    B 多标准等于没标准
    C 人才决定企业成败
    D 要重视企业文化建设

二、阅 读

第一部分

第51-60题：请选出有语病的一项。

51. A 7月的内蒙古草原，是一个美丽的季节。
    B "位"不是一个普通的量词，它还含有敬重的意思。
    C 一个志存高远的人，必定将追求优秀作为自己的人生目标。
    D 心胸狭窄的人就像显微镜，将小事过分放大，大事却看不见。

52. A 在怎样获得快乐这个问题上，孩子有时是我们的老师。
    B 书中的经验和知识对我们来说取之不尽、用之不竭的源泉。
    C 我祖籍江苏无锡，再上两代是江苏武进，就是今天的常州。
    D 生活中没有"删除"键，好的、坏的都是你人生的一部分，要学会珍惜。

53. A 顾客可以通过浏览我们的网站选择所需要的商品。
    B 太阳能设备不用燃料，安全卫生，因为不会带来污染。
    C 世界小麦种植的总面积，居粮食作物种植总面积的第一位。
    D 作为一名管理者，你可以不知道下属的缺点，却不能不知道下属的长处。

54. A 光线太强或太弱，都容易使眼睛感到疲劳。
    B 这是一个专门教你怎么制作网页的免费网站。
    C 一般情况下，敬酒一定要充分考虑好敬酒的顺序，分明主次。
    D 世界上没有完全相同的两片树叶，更没有完全相同的两个人。

55. A 拥有资源的人不一定能成功，善用资源的人才会成功。
    B 晚唐诗人中，诗歌成就最高的，是擅长写爱情诗的李商隐。
    C 有些植物的花朵因吸收金属元素而改变颜色，这也能成为找到地下矿藏。
    D 今天是上海世博会开园后的第三个周六，参观人数达到开园以来最高峰。

56. A 简单的生活，无论对身体还是精神，都大有裨益。
    B 第十届国际马拉松赛报名时间将于本月12号截止。
    C 对语言的应用，应该力求用最经济的方式，表达最丰富的内容。
    D 每个人都需要表露自己的情绪：如喜怒哀乐忧惧等，尤其孩子如此。

57. A 早饭一定要吃，因为它可以帮助你维持血糖水平的稳定。
    B 当人的注意力不集中时，就会下意识地眨眼，以减少进入大脑的信息。
    C 据预测，明年第二季度国际市场的原油日需求量将减少250万桶以内。
    D 豆浆是中国人十分喜爱的一种饮品，它营养丰富，又被称做"植物奶"。

58. A 在她的心目中，童年跟大自然相处的那段日子是自己受过的最好的艺术教育。
   B 地球上最宽阔的是海洋，比海洋更宽阔的是天空，比天空更宽阔的是人的胸怀。
   C 颐和园是一座环境幽雅、建筑精美、举世闻名的古典园林，它是中外游客到北京的必游之地。
   D 登山之前要掌握一些登山的知识，而且还要准备好登山的装备，这样才能更好地应对意外情况。

59. A 冬季停车要注意选择地点，尽量避开坑洼潮湿处，以免积水结冰，冻住车轮。
   B 按照中国农历，"立夏"代表着夏季来临，不过由于中国幅员辽阔，各地入夏的时间并不一致。
   C 卷心菜可以说是所有的蔬菜中最为古老的一种，我们知道古时候的人就已经很久以前一直在吃它了。
   D 初次见面，能说出对方姓名，并说一两句恭维话，可以给对方留下好印象。不过，恭维不能过头，说多了会令对方觉得你世故、虚伪。

60. A 一口整洁的牙齿，不仅是身体健康的标志，还能使人在社交场合充满自信。
   B 你努力了，不见得能得到你想要的成功。但在努力的过程中，你一定会有所获得。
   C 胶片的发明催生了另外一个改变人类记录方式的事物的产生带来很大影响，那就是电影。
   D 节日期间，各星级饭店纷纷推出特色餐饮和特惠措施，吸引大量市民走进饭店欢度佳节。

第二部分

第61-70题：选词填空。

61. 良好的口语交际能力，已成为现代人必备的_____，口语交际是在一定的语言情境中相互_____信息的过程，是人与人之间交流和沟通的基本_____。

    A 素质　　传递　　手段　　　B 品质　　传授　　手法
    C 品德　　传播　　途径　　　D 道德　　传达　　模式

62. 纳西族算不上是一个大民族，但是它的东巴文化却_____，引起世人的兴趣和_____。东巴文化包括象形文字、东巴经、东巴绘画、音乐、舞蹈等。其中东巴象形文字被_____为目前世界唯一存活着的象形文字。

    A 博大精深　　注视　　耸　　　B 得天独厚　　注重　　竖
    C 名扬中外　　关注　　誉　　　D 难能可贵　　关怀　　称

63. 眼见为实，我们总是相信自己亲眼看到的东西，认为只有亲眼_____见，才是真实_____的。然而有时候我们亲眼看到的却常常与真实相悖，视觉上的错觉常常会欺骗许多_____的头脑。

    A 所　　可靠　　自以为是　　　B 可　　依赖　　一丝不苟
    C 亦　　踏实　　称心如意　　　D 愈　　周密　　有条不紊

64. 无数事实证明，淘气的孩子往往比老实的孩子更具创造力，其原因就是淘气的孩子接触面_____，大脑受到的_____多，这样可以激活他们的_____。因为创造需要一定的时间和空间，家长应该给孩子更多的时间和空间，让他们淘气一点，让他们_____地去遐想、去活动、去创造。

    A 广　　刺激　　智力　　自由
    B 宽　　激励　　想象　　活泼
    C 大　　激发　　智慧　　疯狂
    D 浅　　打击　　见解　　合理

65. 没有人喜欢和不快乐的人在一起，这主要是因为在这样一个_____，每个人都_____着一堆大大小小的问题，他没有时间更没有精力来_____你的烦恼。你逗一时之快，希望他变成你_____垃圾的接收站，你轻松了，但久而久之，只能让他对你敬而远之。

    A 朝代　　面对　　承受　　感情
    B 时代　　面临　　倾听　　情绪
    C 时机　　掌握　　宣传　　精神
    D 当代　　控制　　处理　　思维

66. 众所周知，海洋中有丰富的生物和矿产_____，殊不知海水本身也是宝藏之一。海洋学家在长期的研究中发现，深层海水是海洋的_____，富含大量微量_____，营养十分丰富。若能_____利用深层海水，将会使人类受益无穷。

  A 资本 核心 因素 充足
  B 资源 精华 元素 充分
  C 物资 奇迹 物质 彻底
  D 能源 重心 成分 深刻

67. 下雨时，汽车司机的_____会受到影响，尤其是下暴雨时雨刷器不能有效地刮净挡风玻璃上的雨水，令司机眼前_____不清。_____，因为气温降低，挡风玻璃上会有雾气。这时，要打开冷气和后挡风玻璃加热器以尽快_____雾气。

  A 视线 模糊 同时 消除
  B 眼色 混乱 反而 消耗
  C 视野 含糊 总之 消失
  D 眼神 疲倦 因而 消化

68. 随着环保概念不断深入人心，动物皮草已经不再是炫耀奢华的_____，_____的是同样具有高贵气质的仿皮草材料。仿真的材质、适中的价格，加以最_____的款式，仿皮草成为越来越多爱美_____的新宠。

  A 时装 优胜劣汰 完美 人物
  B 潮流 供不应求 时髦 人员
  C 装饰 取而代之 时尚 人士
  D 象征 层出不穷 新颖 人才

69. 宜兴紫砂陶有悠久的历史和很高的艺术_____，并以其_____的原料材质，精湛的_____技艺，古朴的自然色泽和_____的造型艺术，在工艺美术苑林中独树一帜，经久不衰。

  A 成果 罕见 人工 物美价廉
  B 财富 坚固 制作 喜闻乐见
  C 风格 特殊 操作 朝气蓬勃
  D 成就 独特 手工 千姿百态

70. 丁俊晖虽然是首次参加这项顶级赛事，但他表现得非常_____，完全是名大赛型选手，具有非常大的_____。丁俊晖因父亲_____台球生意而与这项运动结缘，从9岁开始接受_____训练，2002年开始在国际赛场上_____自己的台球天赋。

  A 镇静 实力 主持 正当 显示
  B 镇定 潜力 经营 正规 展示
  C 平静 魅力 承包 正经 暗示
  D 稳定 势力 实施 正义 提示

第三部分

第 71-80 题：选句填空。

71-75.

司马光出生于宋真宗天禧三年（公元 1019 年），当时，他的父亲司马池正担任光州光山县令，于是便给他取名"光"。司马光家世代为官，父亲司马池官至兵部郎中、天章阁待制，一直以清廉仁厚享有盛誉。司马光深受父亲影响，自幼便聪敏好学。据史书记载，（71）_____，常常"手不释书，至不知饥渴寒暑"。7 岁时，他便能够熟练地背诵《左传》，并且能把 200 多年的历史梗概讲述得清清楚楚。

（72）_____，从小就是一副小大人模样。有一次，他跟小伙伴们在后院里玩耍。（73）_____，有个小孩子爬到缸沿上玩，一不小心，掉到缸里。缸大水深，眼看那孩子快要没顶了。别的孩子们一见出了事，吓得边哭边喊，跑到外面向大人求救。司马光却急中生智，（74）_____，使劲向水缸砸去，"砰！"水缸破了，缸里的水流了出来，被淹的小孩子得救了。这就是流传至今的"司马光砸缸"的故事。（75）_____，东京和洛阳有人把这件事画成图画，广泛流传。

A 这个偶然的事件使小司马光出了名

B 小小的司马光遇事沉着冷静

C 从地上搬起一块大石头

D 司马光非常喜欢读《左传》

E 院子里有一口大水缸

76-80.

气象台预报 10 次暴雨，9 次报对了，人们都带雨具做了预防，印象不一定深刻；(76)_____，许多人挨了浇，很难忘掉，可能怨声载道。

其实，天气预报准确与否是一个相对的概念，它既体现了公众对预报的理解和认知程度，(77)_____。

首先，天气预报还很年轻。虽然古人在观察天象过程中积累了很多预测经验，但是气象卫星、气象雷达等先进探测仪器和计算机的应用时间并不长，(78)_____，人类对于很多天气现象的发生、演变及其内在规律并未完全掌握。这些因素会直接影响到预报的准确率。

其次，天气本身变化无常。(79)_____，也就是说，大气时时刻刻在流动着，完全摸清它的规律，似乎是不可能的事。

第三，大气中各种天气系统的空间范围是不同的，有的天气系统具有很强的地域性。以北京为例，这么大一个城市，今天如果报了"有雨"，实际可能是东城有雨，西城没雨，(80)_____，感受大不相同，有的人会说准，有人就会说不准。

A 可是有一次暴雨没报出来

B 基于现代科学基础上的天气预报历史相对较短

C 这对身处不同地区的人们来说

D 围绕地球的这层厚厚的大气是个流体

E 也与现有技术水平能够达到什么程度密切相关

第四部分

第 81-100 题：请选出正确答案。

81-84.

作为一门艺术，一种能力，幽默像其他艺术和技能一样，可以通过后天的努力而获得，幽默并非只能为某些人所独有，幽默可以走进任何一个人的生活。那么，如何培养幽默感呢？

第一，知识广博。知识在于积累，丰富的知识、广博的见闻才能使幽默得心应手，左右逢源。知识是幽默的沃土，幽默是知识的产物。要想成为一个幽默家，必须对古今中外、天南地北、历史典故、风土人情都有所了解，必须对天文地理、文史经哲、名人轶事、影星趣闻都有所关注。

第二，心胸豁达。林语堂说："幽默是一种心理状态，进而言之是一种观点，一种对人生的看法。"如果整天唉声叹气，怨天尤人，患得患失，心胸狭隘，自私自利，好像别人占尽了便宜，自己吃尽了苦头，埋怨自己无钱无势，埋怨周围人不关心自己，"用一道心造的墙将自己与世隔绝"，持这种人生态度的人是不会具有幽默感的。

第三，思维求异。要注意发展不同的思维方式，要打破常规，从封闭的思维束缚中挣脱出来，拓展思维的广阔性，思维活动就会发展、提高，就会在言谈中创造出出人意料又令人惊喜的幽默效果。

81. 关于幽默，下列哪项正确？
   A 与思维方式无关　　　　　B 需要以知识为基础
   C 是少数人所独有的　　　　D 受经济条件的影响

82. 林语堂认为幽默：
   A 是一种人生态度　　　　　B 包含丰富的感情
   C 与社会地位有关　　　　　D 可以反映人的品德

83. 第3段中"心造的墙"指的是：
   A 狭隘的心胸　　　　　　　B 成熟的心态
   C 复杂的人际关系　　　　　D 长期的知识积累

84. 培养幽默感应该注意什么？
   A 不要勉强　　　　　　　　B 思维要开阔
   C 要乐于助人　　　　　　　D 要提高竞争力

85-88.

弹性水库，就是那些装点着青山的森林。森林，在调节降水不均方面，有着不可低估的作用。有人估计过，树大根深的森林区土壤，每公顷可蓄水500-2000吨。因而，森林享有大气和水资源"绿色卫士"的美称。

那么，为什么说这种森林水库是"弹性"的呢？因为一棵树不但是一台"吸水器"，还是一台"降雨机"。植物的体内，90%以上是水，天旱时，植物的叶子向大气蒸腾水分，甚至可以把它所吸收的水分放出去99%。这样一来，依靠茂密的森林，就会使干燥的空气变得湿润，使旱情减轻。它雨季能蓄，旱季能吐，完全根据外界环境的变化而自动变化，无需人工操纵。

科学家认为，世界上许多干旱和半干旱地区，大多都是森林贫乏的地区，如果在这些地区植树造林，使森林覆盖率提高到30%以上，且分布均匀，旱季可供用水量就可以增加5-8倍。可见，做好植树造林工作，建立起弹性水库，对于扩大水源改变缺水现象，有着不可估量的作用。

弹性水库还有着地上水库和地下水库所不易起到的重要作用，就是能够改善小气候。在一个森林环抱、绿树成荫的城市里，这个功能最明显。这里，人们不但感到空气清新，还会感受到它在温度和湿度方面的双重影响。冬季，它能挡风御寒，既可使寒冷的气温不致降得过低，又可使冬天不至于过分干燥；夏季，它能吸收一部分太阳辐射，形成了夏天绿地里的良好小气候环境，为人们在生产、生活上创造了凉爽、舒适的气候环境。

85. 下列哪项符合森林水库"弹性"的含义？
A 雨季蓄水　　　　　　　　B 旱季储水
C 雨季蒸腾水分　　　　　　D 旱季吸收水分

86. 根据上文，下列哪项正确？
A 森林属于地下水库　　　　B 水库宜建在森林旁边
C 森林覆盖率要重视均匀　　D 干旱、半干旱地区比较贫困

87. 第3段主要谈的是：
A 森林可以抵御风沙　　　　B 干旱地区森林贫乏
C 森林的蓄水能力强　　　　D 植树造林可以缓解旱情

88. 弹性水库改善小气候的功能：
A 不如水库明显　　　　　　B 冬天比夏天明显
C 城市比农村明显　　　　　D 可以弥补地上、地下水库的不足

89-92.

　　章鱼外貌虽丑，功夫却高，它有着特殊的自卫和进攻的"**法宝**"。首先，章鱼有8条感觉灵敏的触手，每条触手上有300多个吸盘，每个吸盘的拉力为100克，想想看，无论谁被它的触手缠住，都是难以脱身的。有趣的是，章鱼的触手和人的手一样，有着高度的灵敏性，用以探察外界的动向。每当章鱼休息的时候，总有一两条触手在值班，高度警惕着有无"敌情"。如果外界真的有什么东西轻轻地触动了它的触手，它就会立刻跳起来，同时把浓黑的墨汁喷射出来以掩藏自己，趁此机会观察周围情况，准备进攻或撤退。章鱼可以连续6次往外喷射墨汁，过半小时后，又能积蓄很多墨汁，章鱼的墨汁对人无毒。其次，章鱼有十分惊人的变色能力。它可以随时变换自己皮肤的颜色，使之和周围的环境协调一致。章鱼在恐慌、激动、兴奋等情绪变化时，皮肤都会改变颜色。另外，章鱼有高超的脱身技能。当章鱼遇到敌害时，如果它的触手被对方牢牢地抓住了，这时候它就会自动抛掉触手，自己往后退一步，用断触手的蠕动来迷惑敌害，趁机赶快溜走。每当触手断后，伤口处的血管就会极力地收缩，使伤口迅速愈合，所以伤口是不会流血的，第二天就能长好，不久又长出新的触手。最后一点，章鱼还能将水存在体内，依靠溶解在水中的氧气生活，因此它离开了海水也照样能活上几天。

　　雌章鱼也许是世上最尽心也是最富有自我牺牲精神的母亲。它一生只生育一次，产下数百至数千个卵，藏于自己的洞穴之中，在孵化期间，雌章鱼不吃也不睡地守护着洞穴，它不仅要驱赶猎食者，还要不停地摆动触手，以保证洞穴内的水时时得到更新，使未出壳的小宝贝们得到足够的氧气。小章鱼出壳的那天，母章鱼也就完成了自己一生的职责，放心地死去。

　　章鱼有较发达的神经系统，对人又很亲善。章鱼天性好奇、肯学，还有很好的记忆，对掌握的经验永不忘记，形状古怪的章鱼却有如此好的"脑子"，实在令人称奇。

89. 与第1段中"法宝"意思最接近的是：
　　A 本领　　　B 职责　　　C 条件　　　D 立场

90. 关于章鱼，下列哪项正确？
　　A 离不开海水　　　　　　B 可以连续6次喷射墨汁
　　C 新触手第二天就能长好　　D 母章鱼会和小章鱼一起生活

91. 根据上文，下列哪项正确？
　　A 章鱼的记忆力很好　　　　B 章鱼对人有攻击性
　　C 章鱼的墨汁对人有害　　　D 章鱼会随温度变化改变自身颜色

92. 孵化期间，雌章鱼为什么要不停摆动触手？
　　A 要捕食猎物　　　　　　B 要驱赶猎食者
　　C 要保证氧气充足　　　　D 转移敌人的注意力

93-96.

在人类所患的各种疾病中，再没有比感冒更常见和普遍的了。几乎每个人都患过感冒，但多数人对感冒却并非真正熟悉，甚至存在着一些不正确的认识。

误区一：感冒是小病。许多人都把感冒看成是无足轻重的小病，不注意其防治。其实，感冒不仅可以给病人带来鼻塞、头痛、发烧等多种不适，而且还会引起许多严重的并发症，如急性喉炎、支气管肺炎、心肌炎等。因为患感冒后，机体呼吸系统防御"大门"被破坏，病变可沿呼吸道蔓延、扩展，加之周身抵抗力下降，病原微生物乘虚而入。所以，感冒有"百病之源"之称，并非小病。

误区二：感冒是由于寒冷造成的。"穿暖和点，要不你会感冒的"，然而，医学家用科学实验证实了这种观点是错误的。实验分两组，一组穿得暖暖和和，并保持环境干燥；另一组则穿上潮湿的单薄内衣，任风扇的冷风吹拂。同时给两组人相同数量的感冒病毒，结果两组人感冒发病率及病情严重程度并无差异。

误区三：打喷嚏是最主要的传播方式，即健康人是吸入了感冒患者打喷嚏或咳嗽出的感冒病毒微粒后才发病的。然而据流行病学家调查证实，手接触才是最重要的传播方式。在手上，感冒病毒可存活2小时；在手帕上，可存活1小时；在坚硬的物体表面，可存活72小时以上。如果感冒患者用手直接触摸或擦鼻涕，病毒就会沾在手上，然后又沾于手接触的任何地方，使触摸这些地方的健康人手上也沾上病毒，再通过揉眼睛或擦鼻涕而感染上感冒。所以，预防感冒的关键措施是：不用手乱摸东西；勤洗手帕或者使用一次性的面巾纸；感冒患者不要与别人握手等等。

93. 关于感冒，大多数人觉得：
  A 不是小病   B 应该及时治疗
  C 会引起其他疾病   D 通常是着凉引起的

94. 上文的实验说明：
  A 穿得少容易感冒   B 吹冷风会加重感冒
  C 感冒和寒冷没有关系   D 潮湿的空气会引起感冒

95. 下列哪种情况最容易传播感冒？
  A 室内不通风   B 跟感冒患者握手
  C 打喷嚏时用手帕捂嘴   D 周围有感冒患者咳嗽

96. 上文主要谈的是：
  A 感冒的危害   B 怎样预防感冒
  C 感冒病毒是如何传播的   D 人们对感冒的一些错误认识

97-100.

每一个中华老字号都是一个品牌奇迹，"同仁堂"有300多年的历史，京城最老的老字号"鹤年堂"的历史超过600年。今天它们不仅仅是品牌，更是一种文化，当我们提起这些品牌，最津津乐道的还是那些被人熟知的动人故事。

少年康熙曾得过一场怪病，全身红疹，奇痒无比，宫中御医束手无策。康熙心情抑郁，微服出宫散心，信步走进一家小药铺，药铺郎中只开了便宜的大黄，嘱咐泡水沐浴。康熙遵其嘱咐沐浴，迅速好转，不过三日便痊愈了。为了感谢郎中，康熙写下"同修仁德，济世养生"，并送给他一座大药堂，起名同仁堂。

这就是家喻户晓的中华老字号品牌——同仁堂诞生的故事。1669年，同仁堂药铺落成。时过341年，这间百年老店深深影响着几个世纪的中国人，首先影响到的便是听到同仁堂诞生故事的人们，一家平民小店与皇室的故事，一个小郎中打败宫中御医的故事，故事中的高超医术夹杂着传奇色彩，看病的或听故事的人纷至沓来。

康熙的故事给了同仁堂强大的生命力，但每一个生命都有尽头。为了延续生命，同仁堂还需要更多的传奇故事来提醒消费者感知它的存在。

在其后的发展中，同仁堂几乎和清朝的每一代皇帝都有故事。雍正元年，皇帝亲自授命同仁堂专办御药供奉，之后皇帝、后妃吃的药都是同仁堂制作的。慈禧"垂帘听政"时特别青睐同仁堂的养生保健配方，如珍珠粉、益母草膏，还特准跨过御药房直接供药。

一个传统的商业品牌不能长久地依靠一个故事传递的精神来谋取利益，无论品牌故事多么动听，传统的商业品牌贩卖的始终都是有形的产品和可感知的服务。产品的更新换代，替代品的出现，与竞争对手同质化现象的出现，都决定了这样的品牌不可能因为一个故事，而延续几百年的生命。同仁堂也不行。

97. 同仁堂诞生之前是：
 A 一家商铺　　　　　　　　B 一个小药铺
 C 宫中御药房　　　　　　　D 京城知名大药店

98. 授命同仁堂专办御药供奉的是：
 A 康熙　　B 雍正　　C 后妃　　D 慈禧太后

99. 作者认为，同仁堂延续几百年生命靠的是：
 A 与清朝皇帝的关系　　　　B 与竞争对手的同质化
 C 动听和传奇的品牌故事　　D 有形的产品和可感知的服务

100. 最适合做上文标题的是：
 A 百年老店的传统　　　　　B 中华老字号的历史
 C 同仁堂的传奇故事　　　　D 传统商业品牌的创新与发展

三、书 写

第 101 题：缩写。

（1）仔细阅读下面这篇文章，时间为 10 分钟，阅读时不能抄写、记录。
（2）10 分钟后，监考收回阅读材料，请你将这篇文章缩写成一篇短文，时间为 35 分钟。
（3）标题自拟。只需复述文章内容，不需加入自己的观点。
（4）字数为 400 左右。
（5）请把作文直接写在答题卡上。

在一个安静的小镇上，有一名厨师，他的烹饪水平很不错，在一家叫"吃吧"的饭店做厨师 5 年多了。当厨师之余，他还热衷于买彩票，虽然他一直没有中过大奖。

有一天，幸运之神终于眷顾了他，他居然中了数百万元的大奖，他成了小镇上最幸运的人。中奖的那个晚上，他在自己工作的饭店请客。他亲自下厨，做了许多拿手菜，和大家一起庆祝自己的一夜暴富。

那个狂欢的晚上，所有人都尽情玩闹，只有饭店的老板有些难过，因为他得开始计划重新招聘一名厨师了，他想原来的厨师肯定不会继续干这份工作了。

第二天，就在老板写好招聘广告，正准备贴在门口时，一个熟悉的身影出现了，那个厨师居然回来了。他不但回来了，而且风趣地说："我是厨师，厨房是我的，你们休想把我丢进那些豪华会所。"

于是，他又吹着口哨开始了自己的工作。很快，饭店里的食客变得比以前更多了，当人们发现那位厨师依然在这里工作时，都很惊讶地向他挥手致意。

后来，他的做法引来了好奇的记者。记者们举着摄像机闯进厨房问他："先生，您已经是百万富翁了，完全不必继续在这里工作了，为什么还要继续呢？"

他一手端着盘子，一手拿着勺子，对记者说："我从小就喜欢学习做菜，长大后，在父母亲的反对下，我坚持成为一名厨师，你大概知道我有多么喜欢干这个了吧？而且，我在这里有像亲人一样的老板和同事，我们相处得非常愉快，他们让我人生的大部分时间都很快乐，我为什么要因为一笔意外之财而丢弃我热爱的事情呢？是的，我不能因为钱耽搁了我的快乐。"

记者很惊讶，良久无语，然后很执着地问："你这么有钱，为什么不把这家饭店买下来，然后自己做老板，这样不是更好吗？"

厨师笑了，隔着玻璃门指着外面的老板说："像购买这家饭店成为老板这种事情，我是不会干的。因为这是他最喜欢干的事情，我如果买下这家饭店，那不意味着他要失业并失去快乐了吗？既不能给我带来快乐，又有可能夺走别人快乐的事情，我为什么要干呢？"

听了厨师的回答，记者再次惊呆，然后对这位厨师竖起了大拇指。人们都相信，他是快乐的，因为他热爱着自己的工作和生活。

很多时候，我们都把工作的目的等同于赚钱，于是工作便成为一种庸俗的劳累。如果试着把工作和金钱分开，和快乐挂上钩，也许你会发现工作将成为一件愉快的事情。细细想来，我们大多数人都没有中头彩的命，可能要将人生大部分的时间献给工作，如果不能把工作当成快乐的事情，不去从工作中寻找快乐，那我们的一生岂不是要在悲哀中度过吗？

H61005 卷听力材料

（音乐，30秒，渐弱）

大家好！欢迎参加HSK（六级）考试。
大家好！欢迎参加HSK（六级）考试。
大家好！欢迎参加HSK（六级）考试。

HSK（六级）听力考试分三部分，共50题。
请大家注意，听力考试现在开始。

第一部分

第1到15题，请选出与所听内容一致的一项。现在开始第1题：

1. 我想给女朋友打电话，我预想了各种情况：一、她妈妈接电话。二、她爸爸接电话。三、她接电话，但父母在身边，说话不方便，等等。我想了一个下午，想好了各种应对策略，然后拿起电话，结果她不在家。

2. 同样是一枝玫瑰，悲观者看到的是刺，乐观者看到的是花，不同心态与思维模式会导致不同的结果与命运。多数成功者的心态是积极的，即使只有一线希望，也要全力以赴去争取。

3. 做事情应该提前准备，这样在机会突然出现时，才不至于手忙脚乱。有人抱怨没有机会，然而当机会来临时，却因为自己平时没有积累足够的学识与能力，以致不能胜任，只能后悔莫及。

4. 如果整个教育的过程是零到一百的话，最重要的是零到一。而这个从零到一的过程就是父母与孩子的沟通，沟通是教育真正的开始。带着足够的信心和耐心去陪伴孩子，才能找到相互之间的沟通密码。

5. 《围城》发表以后，在国内外引起巨大轰动。有位美国记者要求采访作者钱钟书。钱钟书再三婉拒，她仍然执意要见。钱钟书幽默地对她说："如果你吃了个鸡蛋觉得不错，何必一定要认识那只下蛋的母鸡呢？"

6. 喜欢流行音乐的人，随着年龄的增长和阅历的丰富，可能最终转向古典音乐；但喜欢古典音乐的人，只要喜欢上了，很少再回到流行音乐的怀抱中。音乐家说：喜欢流行音乐是一时的事，喜欢古典音乐是一世的事。

7. 一条街上散落着垃圾，几天后它就会被更多的垃圾覆盖；如果街道很干净，一旦出现垃圾，就会有人主动把它扔进垃圾箱。这是一种心理惯性：坏的东西，让它更坏一些也无妨；好的东西，人们会不由自主地维护它。

8. 吃杏仁巧克力有利于大脑健康？没错！但这不是巧克力的功劳，而是杏仁中的维生素在起作用，它可以延缓大脑衰老。当然也不能忽视心理因素，比如感到焦虑时，吃一块儿杏仁巧克力无疑是对自己小小的宠爱。

9. 长期以来，人们习惯于将智商作为衡量人才的标准，而现代研究表明，人才成功的决定因素不仅仅是智商，还有情商。那些在管理领域里的成功者中，有相当一部分是在学校里被认为智商并不太高的人。

10. 听不少"垂钓迷"朋友说过，钓鱼的好处就是可以静静地坐在那里，只是盯着水面，等鱼儿上钩。那种心情，说"望眼欲穿"也许有点儿夸张，但是垂钓时精神专注，平常生活中的琐事、烦心事，全都抛在了脑后。

11. 我们每天都在按着不变的节奏生活，饮食起居、上班下班、休闲娱乐、与人交往……不知不觉中，也许五年、十年很快就过去了。而到那时，我们常常又会做出和大多数人相同的反应：感叹年华易逝、岁月无情。

12. 父子二人经过五星级饭店门口，看到一辆十分豪华的汽车。儿子不屑地对父亲说："坐这种车的人，肚子里一定没有学问！"父亲则轻描淡写地回答："说这种话的人，口袋里一定没有钱。"

13. 豆汁是北京独具特色的民间小吃，已经流传了上千年。它是以绿豆为原料制成的，颜色暗淡，味道酸甜。第一次品尝时，人们往往会觉得难以下咽，但多尝几次，它淳厚的香味就会让你欲罢不能了。

14. 微笑是对待生活的一种态度，跟贫富、地位、处境没有必然联系。腰缠万贯可能会忧心忡忡，一贫如洗却可能心情舒畅。处境顺利，有人还会愁眉不展；身处逆境，有人却笑对人生。

15. 研究发现，志愿者活动不但能够给那些需要帮助的人提供帮助，而且也能给志愿者本人带来身体上的健康和心理上的愉悦。有数据显示，那些年龄大的志愿者比同龄的非志愿者寿命更长。

第二部分

第 16 到 30 题，请选出正确答案。现在开始第 16 到 20 题：

第 16 到 20 题是根据下面一段采访：

女：作为清华创业园的主任，您认为大学生创业的优势和劣势都是什么？

男：大学生创业的优势是没有包袱。对大学生来讲，本来就一无所有，即使失败了得到的也是经验，我认为这就是大学生的创业优势。另外在经验方面来看，没有经验反而敢于冒险，一些较难的项目有经验的人不敢做，恰恰因为他是大学生，初生之犊不畏虎，就开始做了，并获得了成功。

女：从海外回来的留学生也没有经验，他们和国内的大学毕业生的差别是什么？

男：留学生之间差别比较大。如果留学生只是纯粹搞技术，跟国内毕业生是一样的。技术出身的人把技术看得比较重，技术为主的公司，不成功的主要原因是欠缺商业化运作能力。国内大学生和留学生都有这样的情况。在清华有这样一批留学生，他们有创业经历，掌握海外先进的技术，了解如何将技术变成市场需要的产品，如何与资本结合达到上市等。这样的留学生，市场观念比较强，市场运作能力比较强，吸引资金本事也比较大。他们不仅带回来技术，还有新的观念和理念，这样的留学生创业是比较容易成功的。

女：对于我们大学毕业生来说，先不要头脑发热，先要确定自己适不适合创业。

男：对大学生最重要的是，不管怎样创业，要搞清楚一件事情，不管你是卖产品还是服务，最主要还是看有没有市场需求，产品的潜在市场有多大。在市场里，要做跟别人不一样的东西，要考虑如何在市场里取得一杯羹。

女：在创业者里面，有个人，也有团队，哪一种更多？

男：大多数都是团体创业，很多是懂技术的和懂市场的相结合。比如说我们做电脑的，搞技术的人把电脑做得更快、更好，以更好卖，这是最简单一个结构。有人开发适合市场的产品，有人卖出去，再把信息反馈回来，这是最简单的组合。如果还有懂资金、懂销售、懂管理、懂人力资源的，这样的团队会更加的完美，成功的可能性会更大一点。

16．大学生创业的优势是什么？
17．关于从海外回来的留学生，下列哪项正确？
18．技术为主的公司不成功的主要原因是什么？
19．大学生创业应该先搞清楚什么？
20．根据对话，可以知道什么？

第 21 到 25 题是根据下面一段采访：

女：各位网友大家好，今天我们请到著名作家莫言老师，网友们熟悉莫言老师的小说已经很久了，大家很想知道您创作的小说灵感来源是什么？

男：故乡可以算是一个最大的来源，因为我很多的人物、很多的故事都是从故乡生发出来的。还有很多故事是我在北京、天津经历到的，甚至我从国外电影上看到的，从外国作家书里读到的，从电视新闻里看到的，这样我才能持续不断地创作。

女：中国传统文化流传下来两个非常不同的东西，一种是文人文化，另外一种是民间文化，您的作品好像更多体现民间文化，您有什么看法？

男：每一个作家接受的文人文化都差不多，如果仅有文人文化，那么所有作家的作品应该是差不多的，为什么会有这么多的作家形成各自不同的风格，因为我们接受来自民间的文化不一样，这块东西对一个作家的风格是至关重要的。

女：您对网络对文学的影响有什么看法？

男：网络文学毫无疑问给很多有才华的年轻作者提供了施展才华的机会。通过网络写作，很多年轻的写手冒了出来，然后重新回归到传统的出版方式出书，这是好事。网络文学有自己的鲜明风格，那种想象力，那种语言的跳跃感和朝气蓬勃的力量，这都是用纸笔写作很难达到的，这样的写作势必会影响我们的文学。

女：您最近有没有看过网络的作品？

男：看过。我曾经看过郭敬明写的《幻城》，我觉得写得蛮好的。他写的和我写的是根本不一样，他写的东西，我写不了，我写的可能他也写不了。

21．男的的创作灵感主要是从哪里来的？
22．男的认为民间文化对写作有什么影响？
23．"很多年轻的写手冒了出来"主要是什么意思？
24．关于男的，可以知道什么？
25．男的怎么看待郭敬明的作品？

第26到30题是根据下面一段采访：

女：说到创意，可能很多人都觉得高深莫测。比如我们平常开会策划一个项目时，往往在让大家拿出一个有创意的想法时就很容易冷场，因为总是觉得自己缺乏创意。欧阳先生，您怎么看这个问题呢？

男：嗯，在我看来，创意是有一定的门槛的，但不是特别高，因为随着社会的发展，创意慢慢地会变成一种很职业化的产业，会有很多专门从事这方面的人员来开发不同的创意。可能是现在大家周围专门从事创意研究的人太少，所以就会觉得创意和自己是有距离的，其实不是这样，每个人都能让自己的头脑充满创意。创意是一件很随意的事情，不要刻意地去追求每件事都要有创意，不要把创意变成大脑的一种负担。

女：您说创意研究会变成一种很职业化的东西，我很认同这个观点。但是现在内地的大学还都没开设专门的创意产业研究课程，目前还是我们这些学习新闻出版传播类专业出身的人员对创意的需求比较大。您能谈谈怎么样才能培养起自己独特的创意吗？

男：我认为要多思考，多观察生活，和周围的人多交流，因为创意最后还是要满足社会的需求，你应该多去接触社会，而不能埋在书里一个人想。我觉得培养、发掘创意必须多用头脑，不断地思考总结，能从生活中的小事中发现一些东西，并且把它们转化为创意，我觉得就很好。

女：确实如此。那么您能不能举一个您自己身上的事例来论证这个观点呢？

男：是这样的，我最近几年都在专注于美食的研究，因此写了很多和饮食有关的东西。我最近正在编写一本十八分钟做出一道菜的书，因为我发现现在的年轻人都不是特别喜欢动手做东西吃，如果你写本书告诉他们要三四个小时才能做出一道能吃的菜，他们听到肯定都吓跑了。于是我就开始留心收集这方面有关的材料。比如说煮饺子，擀皮很麻烦，他们可以去超市买现成的，不过吃饺子的酱汁他们就得自己做，可能也就几分钟，但是确实能做出可口的食物。这就是创意。

女：概括起来，您的意思就是说，观察生活，留心生活，通过一件小事发掘出一个点，从而培养出一个可能的创意？

男：对，就是这个意思。多观察，多动脑子，创意自然会越来越多。

26. 关于创意，男的是什么看法？
27. "很容易冷场"主要是什么意思？
28. 男的认为怎样才能培养创意？
29. 近几年男的在做哪方面的研究？
30. 男的认为年轻人有什么特点？

第三部分

第31到50题，请选出正确答案。现在开始第31到33题：

第31到33题是根据下面一段话：

现在技术发展了，旅游业也进步了，进步之一就是名山胜地都架起了缆车。一般的旅行都采取上山乘缆车，然后步行下山的方式，省力省钱又省时。登山活动，不知不觉变成了下山活动。在这个活动中，三种人有三种不同的感受。甲说："上山坐缆车，啥也没看到。下山下了千级台阶，腿肚子都抽筋了，找罪受！"乙说："上得太快了，只好慢慢下，也算软着陆嘛！"丙说："一边下山，一边看风景，把这辈子的下坡路全走了，今后就一定顺了！"同一件事，同样的行为，却有不同的感受。甲是悲观主义，乙是客观主义，丙是乐观主义。看来，天底下快乐的人，不是上天赐予他快乐的事，而是给了他一颗快乐的心。

31．现在爬山，游客们一般采取什么方式？
32．关于甲，可以知道什么？
33．这段话主要告诉我们什么？

第34到36题是根据下面一段话：

你认识多少人，以及多少人认识你，决定着你能有多大的成就。成功，百分之八十五来自于人脉关系，百分之十五来自于专业知识。

古人说：学而无友，则孤陋寡闻。交友是一件有益的事，每个人都应该尽量去认识新朋友。因为朋友能扩大我们生活的领域，使我们能更深刻地认识这个世界。

一个人交际范围广阔，获得财富的机会相应会增加。如果你希望早日成功，就必须有良好的人际关系网。实际上所谓的走运多半是因为有良好的人际关系做基础。多结交能认同你的做法、想法和才华的朋友，他们一定会为你带来好运。

34．说话人认为怎样才能成功？
35．所谓的走运主要指什么？
36．这段话主要讲的是什么？

第37到39题是根据下面一段话：

　　就一般心理活动而言，人们并非总是喜欢被别人称赞的。首先，人们需要的是实事求是的称赞，从中可以了解到哪些是自己的优点，哪些是自己的缺点。其次，人们也并非受到别人的称赞越多就越喜欢对方。当听到某人千篇一律的赞扬时，尽管知道对方是真诚的，但听得太多，也就不觉得荣耀了。可见，老生常谈的赞扬无法使人感到荣耀。而这时如果经常批评你的人开始赞扬你，你就会十分重视这种赞扬的价值。

　　37．根据这段话，人们需要什么样的称赞？
　　38．根据这段话，可以知道什么？
　　39．这段话主要谈什么？

第40到43题是根据下面一段话：

　　当孩子小的时候，读书大多是随意的行为。随着年龄增大，孩子需要父母提供一些指导，掌握一些技巧。培养孩子良好的读书习惯很重要。

　　首先父母要学会让孩子改变一些观念，如现在你的阅读速度是太慢了，但要改变并不难；如果你渴望读快一点，你真的就能够读快；阅读速度可以成倍、成十倍提高，一目数行并不是天才的专利；阅读速度的提高与理解文章内容没有根本上的矛盾。

　　另外，及时纠正孩子的一些不良阅读习惯，十分重要。如眼睛距离书本很近；默读的时候总是轻声地读出声来；歪着脑袋、躺着或是伏在桌子上阅读；喜欢一口气读几个小时等。

　　眼睛距离书本很近，一是损害视力，二是极大妨碍了读书速度。眼睛应该距离书本远一些，大约一尺左右为宜。因为眼睛离页面远，视野就宽阔，视网膜成像的文字就越多。这样一来，一次摄入的不再是一个字或一个词语，而是一大块、整段甚至几段。只要养成习惯，一目几行是很容易的事情。

　　朗读出声音是阅读速度慢的另外一个原因。当然，读出声对记忆是有好处的，因为这是一种多重刺激。但是记忆和理解是有区别的，少了一种记忆手段并不意味着理解能力会下降。

　　40．说话人建议父母改变孩子的哪种阅读习惯？
　　41．眼睛离书本远一些会怎么样？
　　42．关于朗读出声，下列哪项正确？
　　43．这段话主要告诉我们什么？

第44到47题是根据下面一段话：

　　夏日里昼长夜短，身体容易困乏。忙碌于办公楼里的白领们午后难免疲惫，应该利用好这段时间为自己身心减压。

　　有时，我们感觉困倦，其实并非因为缺少睡眠，反而会越睡越困，越没有精神。这时，你不妨反其道而行，利用中午时间安排一些阳光下的户外活动。时间不太长、强度不太大的活动，既可以缓解压力，舒展筋骨，有效增加气血运行，又可以使大脑得到休息。对于白领们来说，散步是最适宜的午休活动。午饭后去写字楼附近的街心花园、绿化带等空气清新的场所散步。你还可以倒走或侧走，让温暖的阳光照在你的背上，晒背的同时锻炼腰部肌肉。在人少的空地上，做几节广播体操或瑜伽伸展动作，让自己微微出汗，就可以恢复充沛的体力和好的心情。

　　另外，杂乱无序的办公桌总是会让人心情不好。利用午休时间整理办公桌，让工作环境尽量整洁有序。顺手做点儿体力活儿——给桌上的小花浇点水，为绿植洗洗叶片；擦拭一下键盘和显示屏，给主机除除尘。如果时间允许，还可以把上午的工作简单理一理，将下午的事情分分类。这些简单的工作可以让你从放松的休息状态自然过渡到工作状态，让下午的办公室时光更轻松。

　　44．对于白领来说，什么是最适宜的午休活动？
　　45．中午的户外活动应该注意什么？
　　46．说话人有什么建议？
　　47．这段话主要谈什么？

第48到50题是根据下面一段话：

　　"手表定律"是指一个人有一只手表时，可以知道现在是几点，而当他同时拥有两只手表时却无法确定时间。两只手表并不能告诉一个人更准确的时间，反而会让看表的人失去对准确时间的信心。你要做的就是选择其中较信赖的一只，尽力校准它，并以此作为你的标准，听从它的指引。"手表定律"在企业经营管理方面给我们一种非常直观的启示，就是对同一个人或同一个组织的管理不能同时采用两种不同的方法或标准，不能同时设置两个或者多个不同的目标。换句话说，"手表定律"所指的是每一个组织、每一个企业必须有统一的企业文化作为统领，有统一的生产经营管理标准，有明确的作业规范，这是一个企业成功的基石，否则，企业的行为将迷失方向，最终陷入混乱。

　　48．当一个人有两只手表时会怎么样？
　　49．关于"手表定律"，下列哪项正确？
　　50．"手表定律"告诉我们什么道理？

听力考试现在结束。

H61005 卷答案

一、听 力

第一部分

1. A	2. A	3. D	4. B	5. A
6. D	7. B	8. C	9. D	10. B
11. D	12. A	13. B	14. C	15. D

第二部分

16. A	17. D	18. D	19. C	20. A
21. A	22. D	23. B	24. B	25. D
26. C	27. C	28. D	29. A	30. D

第三部分

31. C	32. B	33. C	34. B	35. A
36. C	37. A	38. B	39. C	40. D
41. C	42. B	43. D	44. A	45. D
46. D	47. D	48. C	49. C	50. B

二、阅 读

第一部分

51. A	52. B	53. B	54. C	55. C
56. D	57. C	58. A	59. C	60. C

第二部分

61. A	62. C	63. A	64. A	65. B
66. B	67. A	68. C	69. D	70. B

第三部分

71. D	72. B	73. E	74. C	75. A
76. A	77. E	78. B	79. D	80. C

第四部分

81. B	82. A	83. A	84. B	85. A
86. C	87. D	88. D	89. A	90. B
91. A	92. C	93. D	94. C	95. B
96. D	97. B	98. B	99. D	100. C

三、书 写

101.（略）

责任编辑：杨 晗
封面设计：王天义
印刷监制：佟汉冬

图书在版编目（CIP）数据

新汉语水平考试真题集HSK六级/国家汉办/孔子学院总部编.—北京：华语教学出版社，2010
ISBN 978-7-5138-0009-9

Ⅰ.①新… Ⅱ.①国… ②孔… Ⅲ.①汉语—对外汉语教学—水平考试—真题 Ⅳ.①H195.4-44

中国版本图书馆CIP数据核字（2010）第183537号

新汉语水平考试真题集HSK六级

国家汉办/孔子学院总部 编制

*

©华语教学出版社
华语教学出版社出版
（中国北京百万庄大街24号 邮政编码100037）
电话：（86）10-68320585 68997826
传真：（86）10-68997826 68326333
网址：www.sinolingua.com.cn
电子信箱：hyjx@sinolingua.com.cn
三河市金元印装有限公司印刷
2010年（16开）第1版
2011年第1版第3次印刷
ISBN 978-7-5138-0009-9
定价：73.00元